UMSCHAU

ANDREE METZLER   ANDREAS TAUBER

EINE KULINARISCHE ENTDECKUNGSREISE

Brandenburg

UMSCHAU

INHALT

11	VORWORT: MATTHIAS PLATZECK
15	EINLEITUNG: ZWISCHEN ELBE UND ODER
19	NATUR PUR: BRANDENBURGS NORDEN UND NORDOSTEN
22	ROSALIENHOF
24	ZUR KLOSTERMÜHLE
26	SEEHOF
28	SCHLOSSHOTEL RHEINSBERG
30	MÜHLE TORNOW
32	AM ALTEN RHIN
34	IMMENHAUS
36	ALTE KLOSTERSCHÄNKE
38	CAFÉ WILDAU
40	COLDEHÖRN
42	ZUR FISCHERKEHLE
44	SCHECHTERS HOF

REZEPTE AUS DER REGION

46	FRISCHKÄSEKUCHEN
46	UCKERMÄRKISCHER FISCHTELLER
46	ZANDERFILET MIT LINSENGEMÜSE UND GNOCCHI
47	RUMPSTEAK AUF PFANNENGEMÜSE
47	LAVENDEL-SCHMORBRATEN MIT POLENTATALERN
48	KRÄUTERSAIBLINGSFILET
49	WILDSCHWEINBRATEN MIT SEMMELKNÖDEL
49	RINDERSÜLZE
50	REHRÜCKEN MIT ROSMARINKARTOFFELN
50	KOTELETT VOM HAVELLÄNDER APFELSCHWEIN
51	SCHERMÜTZEL-HECHT MIT SCHMORGRUKEN
51	MÄRKISCHER RÄUCHERAAL

52	POTSDAM: MÄRKISCHE PERLE VOR BERLIN
56	IN VINO
58	LEWY
60	DER BUTT
62	ZUR HISTORISCHEN MÜHLE

REZEPTE AUS DER REGION

64	BEELITZER SPARGEL
64	VORSPEISENTELLER FÜR ZWEI
65	RINDFLEISCH À LA BRAISE

66	UNTER DAMPF: BRANDENBURG KOCHT AUF
72	SÜD-SÜDOSTEN BRANDENBURGS
76	FEINKOSTINSEL
78	RESTAURANT PARK-CAFÉ
80	RESTAURANT 19HUNDERT
82	VILLA AM SEE
84	FISCHHAUS GÖDICKE
86	SCHUKURAMA
88	WASSERWELT
90	LANDGASTHOF ZUM GRÜNEN STRAND AN DER SPREE
92	SPREEWALDINI
94	BRAUEREI FÜRSTLICH DREHNA

INHALT

REZEPTE AUS DER REGION

96	BUTTERMILCH-KREBSSCHWANZ-TERRINE
96	HIRSCHSTEAK
	AN PETERSILIENWURZELPÜREE
97	GEBRATENER ZANDER AUF SPITZKOHL
97	GEBRATENER SEETEUFEL
	MIT APFEL-CURRY-SCHAUM
98	GEBRATENER SEEHECHT
	AUF KARTOFFEL-SPARGEL-GRÖSTEL
98	SCHUKU-CRUSHED
99	DUETT VON KANINCHEN UND HASE
99	DUETT VON ZANDER UND GARNELE
100	WHISKYTORTE
100	TÊTE À TÊTE VON HIRSCH UND SCAMPI
102	DER WESTEN: IDYLLE UND WILDNIS
106	DÖRPKROG AM DIEK
108	WALDSCHLÖSSCHEN KYRITZ
110	HAVELRESTAURANT SCHWEDENDAMM
112	MEISTER MÖHRING
114	SCHLOSS RIBBECK
116	SCHLOSS KARTZOW
118	INSPEKTORENHAUS
120	ALFRED & OTTO
122	LANDHOTEL THEODORE F.
124	LANDHOTEL GUSTAV
126	WITTGENSTEIN
128	SPRINGBACH-MÜHLE
130	ALTE SCHMIEDE

REZEPTE DER REGION

132	PRIGNITZER HECHTKLÖSSCHEN
132	LÖWENZAHNBLÜTENMOUSSE
133	HAVELZANDER MIT BEELITZER SPARGEL
133	GEBACKENE ERDBEEREN
	AUF RHABARBERPÜREE
134	BIRNEN-KARAMELL-TÖRTCHEN
134	KALBSSTEAK MIT KARTOFFEL-
	BÄRLAUCH-PÜREE
135	REHRÜCKEN MIT GRIESSKNÖDEL
136	WILDKRÄUTERSALAT MIT LAMMKARREE
136	CHILI-SAUERRAHM-TERRINE
	MIT SCHWARZER-SESAM-QUARK-EIS
137	LACHS IM CRÊPE
137	ENTRECÔTE VOM KALB
	AN SELLERIECRÈME
138	BARDENITZER REHKEULE
138	LAMMKARREE MIT
	ZIEGENKÄSEPOLENTA
142	ADRESSVERZEICHNIS
150	REZEPTVERZEICHNIS
158	IMPRESSUM

Paradies für Blumen und Bienen: die Umgebung von Chorin

KARTE

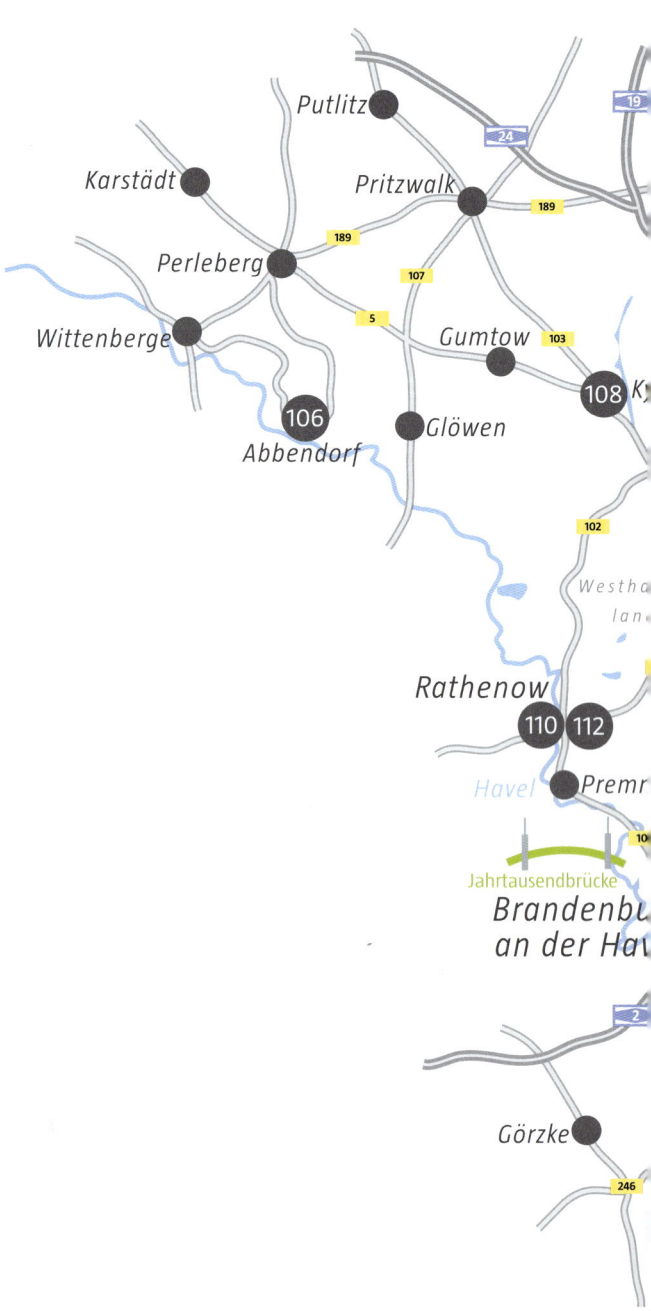

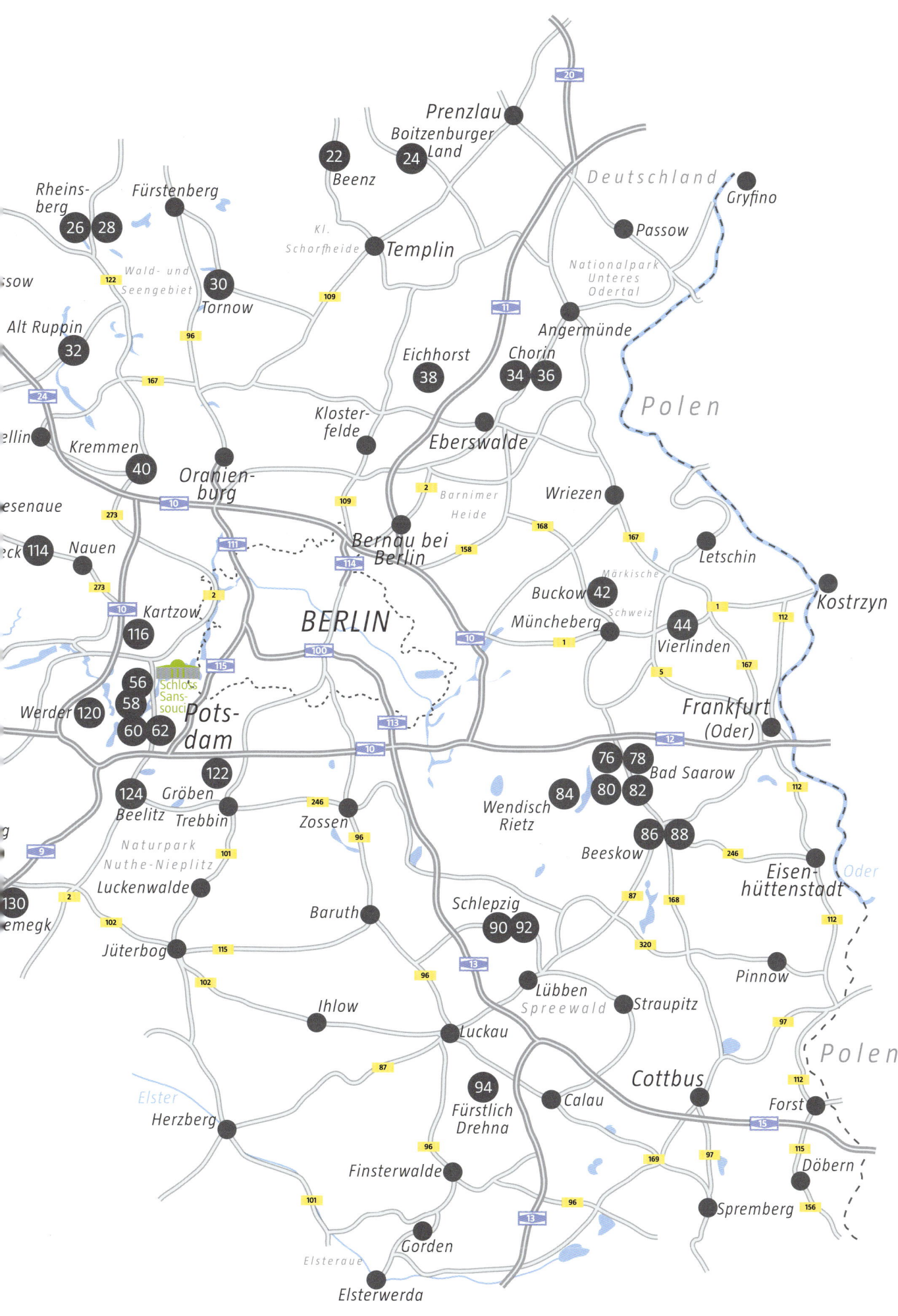

Das herrliche Schloss-Ensemble Sanssouci verdankt Brandenburg Friedrich dem Großen

VORWORT

Liebe Leserinnen und Leser,

dieses Buch lädt zum Entdecken ein. Es nimmt Sie mit auf eine Reise durch Brandenburg, die nicht nur den Gaumen, sondern auch Herz und Verstand anregen wird. Sie werden staunen! Unser Land Brandenburg hat viel zu bieten. Überall Zeugen eines großartigen kulturellen Erbes: ehrwürdige Klöster, Schlösser und Parks, historische Stadtkerne und dazu malerische Naturlandschaften, die Sie zum Verweilen einladen. Besuchen Sie Berühmtes wie Schloss Rheinsberg, Friedrichs Sanssouci oder den idyllischen Spreewald, aber auch weniger Bekanntes wie das barocke Wunder Kloster Neuzelle, das verträumte Schlaubetal oder Giganten der Industriegeschichte wie das Schiffshebewerk Niederfinow und die Abraumförderbrücke F 60 in der Lausitz. Brandenburg ist das wasserreichste Bundesland – 33 000 Kilometer Fließgewässer und mehr als 3000 Seen laden zu Touren mit Hausboot und Kanu, Motor- und Segelboot oder mit dem Floß ein. Gewissermaßen „Rund um Berlin" empfängt Sie eine gut ausgebaute wassertouristische Infrastruktur mit zahlreichen Marinas und Liegeplätzen. Einmalig in Europa ist die „Große Rundtour" um eine Weltstadt: 570 Kilometer können Motorbootkapitäne von der deutschen Hauptstadt aus in drei bis vier Wochen in Brandenburg und Mecklenburg-Vorpommern zurücklegen. Oder wie wäre es mit einer Radtour? Die meist ebene Landschaft eignet sich ideal dafür: Das Wegenetz umfasst rund 60 Radfernwege und regionale Routen. Neun davon hat der Allgemeine Deutsche Fahrradclub für ihre ganz besondere Qualität zertifiziert. Ob auf den 300 Kilometern des „Oder-Neiße-Radweges" entlang der deutsch-polnischen Grenze bis hin zum Nationalpark „Unteres Odertal" oder auf dem „Spreeradweg" mitten durch die einmalige Landschaft der Fließe des UNESCO-Biosphärenreservats Spreewald: So gut wie jede Radtour führt am kühlen Nass entlang. Dank der vielfach exzellenten Wasserqualität kann an den zahlreichen Seen oft ohne Umweg eine Badepause eingelegt werden. Mehr als 400 „Bett & Bike"-Unterkünfte bieten darüber hinaus besonders radfahrerfreundliche Service-, Übernachtungs- und Gastronomieangebote. Überall im Land kann man zudem gut essen. Das Spektrum der Angebote reicht vom Landgasthof über das Schlosshotel bis zum „Gourmettempel". Trotz aller Unterschiede ist eines nahezu allen Gastronomen wichtig: die Qualität! Die Zubereitung, aber auch und gerade die Zutaten: Frische, regionale und saisonale Produkte kommen auf den Teller. Jeder kennt, jeder mag die Erdbeeren und Knupperkirschen aus Werder, die Rübchen aus Teltow, den Spargel aus Beelitz oder Zander, Hecht und Forelle frisch aus den Gewässern unserer Region.
Ich hoffe, dass Sie meine Einladung nach Brandenburg und in die größte märkische Stadt Berlin annehmen. Wo sonst finden Sie eine solche reizvolle Verbindung zwischen Metropole, Naturlandschaften, kulturellen und kulinarischen Highlights? Entdecken Sie IHR Brandenburg!

Wir freuen uns auf Sie!

Ihr

Matthias Platzeck
Ministerpräsident des Landes Brandenburg

Eines der Natur-Highlights von Brandenburg ist die Spree-Idylle

Stechlinsee (o.) oder Uckermark (r.): Brandenburg punktet mit unberührter Natur

EINFÜHRUNG
ZWISCHEN ELBE UND ODER

Brandenburg ist ein Bundesland, dessen Weitläufigkeit einzigartig ist

Brandenburg. Denkt man an Brandenburg, das Land zwischen Elbe und Oder, zwischen dem Stechlin und der Senftenberger Seenplatte, das Land, in denen Dörfer Namen haben wie Kuhbier, Ohnewitz, Hammelspring, Busendorf oder Regenmantel, in dem man Radio „nur für Erwachsene" hört, dann kommen einem fast unweigerlich jene berühmt-berüchtigten Liedzeilen in den Sinn: „Nimm Dir Essen mit, wir fahr'n nach Brandenburg." Oder: „Wenn man zur Ostsee will, muss man durch Brandenburg." Sicher nicht falsch. Das mit der Ostsee. Wer zur Küste will, muss da durch. Aber das mit dem Essen mitnehmen? Ich weiß von Ostseereisenden, die, bar jeder Stullenbüchse, auf Schleichwegen durch das nördliche Brandenburg fahren. Von Geheimtipp zu Geheimtipp. Genuss-Hopping sozusagen. Anregende Tipps dafür finden Sie in diesem Buch!

Wer aus Berlin mit dem Auto irgendwohin will, muss natürlich durch Brandenburg. Zwangsläufig. Brandenburg umgibt Berlin, aber es liegt nicht einfach nur so drum herum. Brandenburg umrahmt die deutsche Hauptstadt. Umschmeichelt die hektische Metropole mit einer grünen Sanftheit, mit einem Naturreichtum, mit Ruhe und einer, wie es oft scheint, grenzenlosen Weitläufigkeit, die einzigartig ist. Und so bilden die 15 Naturschutzgebiete mit ihren bezaubernden Landschaften einen großen Teil des Brandenburger Tafelsilbers.

Einzigartig sind noch einige Dinge mehr. Das Bundesland, das nun gerade mal etwas über 20 Jahre alt ist, hat eine Menge zu bieten. Da wäre natürlich Friedrich der Große, der alte Fritz, der die Mark geprägt hat wie kein zweiter. Ihm, dem kreativen Feingeist, verdankt Brandenburg das herrliche Schloss-Ensemble Sanssouci in Potsdam. Er brachte, selbst ein begeisterter Feinschmecker, die Kartoffel zu großer Bedeutung für die Märker und legte

nebenher mal eben den Oderbruch trocken. Noch heute bestaunen Einwohner wie Besucher diese Leistungen des großen Strategen Friedrich II., dessen Motto es stets war: „Ich bin der erste Diener des Staates!"

Ein weiterer großer, mit dem Land eng verbundener Name ist der von Theodor Fontane, der, getragen von unendlicher Lust an Natur und Mensch, das Land durchstreifte und seine Eindrücke niederschrieb und weitergab. Seine Devise: „Wer in die Mark reisen will, der muss zunächst Liebe zu Land und Leuten mitbringen, mindestens keine Voreingenommenheit. Er muss den guten Willen haben, das Gute zu finden, anstatt es durch krittliche Vergleiche totzumachen." Welch nobler Ansatz. Die Idee zu seinen „Wanderungen durch die Mark" kam Fontane übrigens im Jahre 1858 während einer Rudertour in Schottland. Der Anblick eines alten schottischen Schlosses auf einer Insel im Levensee erinnerte ihn wehmütig an das Schloss Rheinsberg. Er sehnte sich derart nach seiner Heimat, dass er sich selbst im nächsten Moment ermutigte: „Je nun, so viel hat Mark Brandenburg auch. Geh hin und zeig es!" Daraus entsprang eine dreißigjährige Wanderschaft durch die Landschaften der Mark.

Wer durch Brandenburg fährt, wird ihrer in jedem Fall ansichtig: der Allee. Brandenburg ist Alleenland. Mit ihrem prächtigen Baumbestand auf etwa 8000 Kilometern säumen und umschließen sie die Fahrbahnen wie ein luftiges Zelt, geben dem Land Gesicht, vermitteln Heimatgefühl und spenden im Sommer herrlichen Schatten.

Die Tierwelt in Brandenburg hat, auch durch die zahlreichen militärischen Altlasten, die ehemaligen Sperrzonen und Grenzgebiete der DDR, eine breite Vielfalt erhalten können. Allein drei Adlerarten beherbergt die Mark: den Fisch-, den See- und den Schreiadler. Weiß- und Schwarzstorch geben sich ein Stelldichein, Rot- und Schwarzmilan haben hier ihre Heimat und – das ist einzigartig – die Großtrappe, dieser scheue und etwas „beleibte" märkische Strauß, der mit seiner Trappenbalz jedes Jahr zahlreiche Naturbesucher beeindruckt.

Wer Brandenburg erleben möchte, sollte es mit allen Sinnen tun. Ob zu Fuß, mit dem Fahrrad, der Draisine, auf dem Rücken eines Pferdes, im Wanderschritt mit einem Esel im Schlepptau (solche Touren gibt's wirklich!) oder mit dem Boot auf einem der zahlreichen Gewässer. Erfühlen Sie das Land. Mit Haut und Hand. Lassen Sie sich vom märkischen Wind berühren. Und erleben Sie Brandenburg natürlich mit dem Gaumen! Denn hier ist kulinarisch viel zu entdecken.

Schlösser, historische Gebäude und Natur pur: In Brandenburg gibt es viel zu entdecken

Schön gelegen: das Zisterzienserkloster Chorin

NATUR PUR
SEEN, WÄLDER, WIESEN

Atemberaubende Landschaften im Norden und Osten Brandenburgs

Gleich oben rechts geht's los mit einem besonders schönen Teil vom Brandenburger Tafelsilber: Der Nationalpark Unteres Odertal, einer von zwölf deutschen Nationalparks, schmiegt sich zwischen Hohensaaten und dem polnischen Szczecin sanft entlang dem urwüchsigen Lauf der Oder. Nach den Grenzöffnungen in Europa gaben sich 1990 deutsche und polnische Naturschützer die Hand und verpflichteten sich, hier, auf einem 117 000 Hektar großen Areal inmitten von Laubmischwäldern und Trockenwiesen, ein völkerverbindendes Naturschutzprojekt zu starten. So gelang es eine Flussaue, die letzte noch intakte Flussmündung Mitteleuropas, mit ihren Fluss-Altarmen, Seggenrieden, Schilfröhrichten und Feuchtwiesen als Paradies für zahlreiche und zuweilen seltene Wasservögel und gleichzeitig als Naturraum mit hohem Erlebniswert für die begeisterten Wandersleut' zu gestalten und zu schützen.

Und hat man die Wanderstiefel schon mal geschnürt, kann man unweit vom Nationalpark Unteres Odertal gleich hinüber ins Biosphärenreservat Schorfheide-Chorin wandern. Hier findet sich eine schier atemberaubende Fülle von Mooren, Seen und Wäldern. Diese Vielfalt und die dazugehörigen sandigen Pfade, Äcker, Häuser aus Feldsteinen und seltenen Tier- und Pflanzenarten haben die UNESCO dazu veranlasst, diesen besonderen Landstrich als eines von 530 Biosphärenreservaten weltweit anzuerkennen. Die meisten Ansiedlungen entstanden hier übrigens schon im 13. Jahrhundert. Die bekannteste ist die Klosteranlage Chorin. Die beeindruckende Backsteingotik der restaurierten Zisterzienser Klosterruine bietet jeden Sommer eine wunderbare Kulisse für klassische Konzerte. Wer es aber eher technisch als klassisch mag: Das Schiffshebewerk in Niederfinow ist ein besonderes Zeugnis deutscher Ingenieurbaukunst.

Deutschlands bekanntester Reise-Geheimtipp ist die Uckermark. Diese Region wird auch das Land der 300 Seen, Flüsse und Bäche genannt. Zu den schönsten Landschaften in dieser Region gehört der zwischen den Städten Prenzlau, Fürstenberg, Zehdenick und Templin liegende Naturpark Uckermärkische Seen. Sanft geschwungene Hügel, bedeckt mit Wiesen und Feldern und ausgedehnten Heideflächen prägen die alte Kulturlandschaft. Alte Kopfsteinpflasterstraßen und schöne Alleen zieren die reizvollen Uckermärkischen Dörfer. Fast jeder Ort hat seinen eigenen Badesee mit einer hervorragenden Wasserqualität. Also: Badesachen nicht vergessen. Ein besonderes „Technikmuseum in der Natur" ist der Ziegeleipark Mildenberg bei Zehdenick.

„Im Norden der Grafschaft Ruppin, hart an der mecklenburgischen Grenze, zieht sich von dem Städtchen Gransee bis nach Rheinsberg hin eine mehrere Meilen lange Seenkette durch eine menschenarme, nur hie und da mit ein paar alten Dörfern, sonst aber ausschließlich mit Förstereien, Glas- und Teeröfen besetzte Waldung." Gut, aus den Teeröfen ist sicher so mancher Straßenbelag entstanden. Theodor Fontane liebte diesen Flecken Erde, schrieb er doch hier seinen bedeutendsten Roman „Der Stechlin". Die faszinierende Wald- und Seenlandschaft rund um diesen größten Klarwassersee Norddeutschlands bildet den Naturpark Stechlin-Ruppiner Land. Das Wappentier des Naturparks ist die Schellente. Sollten Sie hier das Schellen einer Glocke hören, nicht die Tür suchen, sondern die Schellente mit ihrem einzigartigen Fluggeräusch beobachten. Überall im Naturpark kommt auch der schwer zu entdeckende Fischotter vor. Ebenfalls schwer auszumachen ist die europäische und sehr scheue Sumpfschildkröte. Bei Biber, Fischadler, Kranich und Eisvogel ist das Beobachten sicher einfacher.

„Steige hoch, du roter Adler, Hoch über Sumpf und Sand, Hoch über dunkle Kiefernwälder, Heil dir mein Brandenburger Land": Der rote Adler, das Brandenburger Wappentier, das in diesem märkischen Lied besungen wird, ist hier zu Hause, im Naturpark Barnim. Die wald- und seenreiche Gegend, nur einen Katzensprung von Berlin entfernt, ist schon seit vielen Jahren vor allem wegen einer eiszeitlichen Hinterlassenschaft ein beliebtes Urlaubs- und Ausflugsziel: dem Wasser. Das Wandlitzer Seengebiet und das Biesenthaler Becken liegen im Herzen des Naturparks. Charakteristisch für den Barnim sind die alten Buchen- und Erlenwälder. Jedoch „typisch Brandenburg" dominiert auch hier die Kiefer.

Im Naturpark Märkische Schweiz dominiert natürlich die Schweiz. Hohe Gipfel, tiefe Schluchten sind hier jedoch, verhältnismäßig, überschaubar. Die Schweiz quasi im Miniformat. Und doch ist die Landschaft des ältesten und kleinsten Naturparks Brandenburgs sehr vielfältig. Seen, Bäche, Wälder, Hügel und Täler, Moore, Felder und Wiesen. Gut ein Drittel der Fläche ist Wald. Besonderheit sind die Kehlen, tief vom eiszeitlichen Schmelzwasser eingeschnittene Schluchten. Von den Bollersdorfer Höhen hat man einen beeindruckenden Blick auf den größten, tiefsten und schönsten See der Märkischen Schweiz, den sagenumwobenen Schermützelsee, an dessen Ufern, im idyllischen Kneippkurort Buckow, schon Bertold Brecht und Helene Weigel Entspannung und Inspiration fanden.

Idylle in Vierlinden (o.), Buckow und Schermützelsee (l.)

KUCHEN ZUM VERLIEBEN

Feine Kaffeehauskultur bei den Schwestern Westphal

Frischkäsekuchen
Das Rezept finden Sie auf Seite 46

Beenz, der kleine nordbrandenburgischen Ort, hat derzeit 96 Einwohner und etwas Besonderes: ein Café, den Rosalienhof. Hier gibt es Kaffee und Kuchen zum Verlieben. Wenn nun jeder Einwohner von Beenz jeden Tag ein leckeres Stück Kuchen im Rosalienhof essen würde und aus einer Torte 12 Stücke herauskämen, wieviel Kuchen müssten die charmanten Inhaberinnen, die Schwestern Westphal wohl täglich backen? Richtig, viel mehr, denn wer diese Backkunst einmal probiert hat, der bleibt nicht bei einem köstlichen Stück.

Der Rosalienhof, Rosalie war übrigens die Urgroßmutter der heutigen Betreiberinnen, hat, mit Unterbrechungen, eine fast 300-jährige gastronomische Geschichte. Dereinst Bauernhof und Gastwirtschaft überstand er allerlei gesellschaftliche Wirren um nun, seit 2006 als Rosalienhof, eine feine Kaffeehauskultur anzubieten. Hier kehrt man freudig ein, wenn die Lust auf Kaffee aus der italienischen Kaffeemaschine, auf frisches Backwerk und auf anheimelndes Ambiente innerlich zu rufen beginnt.

Die kreativen Schwestern haben mit viel Herzblut und Liebe fürs Detail dieses Kleinod geschaffen. Ihr Motto: „Wir machen hier all das, was wir selber schaffen." Und so sind bis zu zwölf Sorten Kuchen im Repertoire und einige täglich auf dem dekorativen Marmortresen zu bewundern. Selbstverständlich ist das Obst für die hinreißenden Pflaumen-, Apfel- und anderen Obstkuchen aus dem eigenen Garten. Ebenso die Walnüsse für die herbstlichen Nusskuchen. Übrigens nach dem Rezept der Großmutter. Modern verfeinert mit einer leckeren Decke aus Lübecker Marzipan und Schokoladenguss. Der beliebte Frischkäsekuchen ist allerdings - und das ist wirklich gut so – ganzjährig auf der Karte.

So wie herzhafte ofenwarme Quiche und die leckere Tomatensuppe. Kürbiscreme- und Kartoffelsuppe geben sich saisonal die „Klinke in die Hand". Und natürlich sind die beiden backfreudigen Schwestern auch in der Weihnachtszeit mit Backblech, Ausstechform und Umluft-Backofen zugange. Wie heißt es doch so schön: Backen ist Liebe! Rosalienhof ist Backen!

ROSALIENHOF
Familie Westphal
*Chaussee 4, 17279 Lychen, OT Beenz
Telefon 03 98 88 / 20 06
info@rosalienhof-beenz.de
www.rosalienhof-beenz.de*

Uckermärkischer Fischteller
Das Rezept finden Sie auf Seite 46

EINFACH UND KÖSTLICH

Einladender Gasthof im historischen Gemäuer

Mitten in der Uckermark, zwischen sanft geschwungenen Feldern, unberührten silbrig glänzenden Seen und ausladenden Wäldern liegt Boitzenburg. In diesem malerischen Dorf mit seinem prächtigen Renaissanceschloss, das einst für lange Zeit Stammsitz derer von Arnim war, findet der reiselustige und hungrige Besucher das Wirtshaus Zur Klostermühle. Dieser gastliche Ort liegt gleich neben den beeindruckenden Ruinen des historischen Zisterzensier-Nonnenklosters Marienpforte. Die in der Abendsonne blutrot leuchtenden Mauerreste unter uralten Eichen haben eine lange Geschichte, stammt doch die erste urkundliche Erwähnung von „Boyceneburg" aus dem Jahre 1271.

Einige hundert Jahre später, im Jahre 1684, entstand hier das bis 1989 als Stallung und nun als Gasthaus genutzte historische Gebäude. Gastwirt Helge Leopold, der 1987 von Leipzig in die Uckermark „auswanderte" und hier seine grüne Heimat gefunden hat, hält für seine Gäste eine „strikt einfache" Küche bereit. Die regionalen Gerichte wie Wild und Fisch sind einfach köstlich. Dafür bürgt auch Küchenchef Birger Kolloff der als passionierter Jäger auch für das frische Wild sorgt. Die Forellen kommen aus der benachbarten Forellenzucht, anderer Frischfisch von nahen Uckermärker Fischern. Saisonale Produkte wie Spargel und Pilze kehren jährlich auf der Karte wieder.

Nach der labenden Einkehr im urigen Wirtshaus mit seinen schmackhaften Gerichten bietet sich auf jeden Fall ein Rundgang durch die benachbarten alten Klosterruinen oder zur leich nebenan liegenden ehemaligen Klostermühle mit ihrem Museum und dem romantischen Mühlenteich an.

WIRTSHAUS ZUR KLOSTERMÜHLE
Helge Leopold
Mühlenweg 5, 17268 Boitzenburger Land
Telefon 039889 / 86960
Helge.Leopold@t-online.de
www.zur-klostermuehle.de

GENÜSSLICHE ZEITEN
Moderne Landküche in wohligem Ambiente

Die glücklichsten Jahre seines Lebens verbrachte Friedrich der Große nach eigenen Angaben als junger Kronprinz in Rheinsberg. Die malerische Lage des Schlosses und des Städtchens direkt am Grienericksee ist auch heute noch für viele Besucher faszinierend. Würde der alte Fritz Rheinsberg dieser Tage erneut einen Besuch abstatten und stünde die Frage, „Wo geruht er auf das Beste zu speisen?", so käme wohl nur die eine Antwort in Betracht: „Halten zu Gnaden – im Seehof."

Hinter schlanker, türkisblauer Fassade befindet sich das feine Restaurant von Kathrin und Daniel Pfeiffer. Es ist bereits mehrfach ausgezeichnet und auf die vorderen Plätze der Brandenburger Spitzengastronomie gewählt worden.

Das historische Ackerbürgerhaus aus dem Jahre 1750 wurde Ende der 1990er-Jahre aufwändig saniert und in ein idyllisches Landhotel verwandelt. Die moderne Landküche mit einheimischen und mediterranen Zutaten bietet außerordentliche kulinarische Genüsse, die am prasselnden Kaminfeuer, im sonnigen Wintergarten oder im mediterranen Flair des historischen Hofgartens mit Seeblick serviert werden.

Für die hauseigenen „Weinschmeckereien" lädt der einzig erhaltene Eiskeller der Region. Hier wird auch das zünftige Rittermahl abgehalten, bei dem jeder mit Händen verspeist, was der Koch den „Rittersleut" an Leibesschmaus gereicht.

Der alte Fritz hätte heut sicher seine große Freud' und erneut eine glückliche Zeit mit der besonderen Küche des Seehof. Nach seiner Meinung übrigens altere man bei Tische nicht, sodass er seine Mahlzeiten schon mal über drei oder gar fünf Stunden dauern ließ. Im Seehof in Rheinsberg, mit all seinen kulinarischen Vorzügen in wunderbaren Ambiente, sollte man sich diese genüssliche Zeit unbedingt nehmen.

Zanderfilet mit Thymian, Linsengemüse mit Gartenkräutern und Gnocchi *Das Rezept finden Sie auf Seite 46*

DER SEEHOF
Kathrin & Daniel Pfeiffer
Seestraße 18, 16831 Rheinsberg
Telefon 03 39 31 / 40 30
info@seehof-rheinsberg.de
www.seehof-rheinsberg.de

KULINARISCHE ENTDECKUNGEN

IN PROMINENTER GESELLSCHAFT
Gut essen und bequem schlafen im Schlosshotel

Rumpsteak mit Kräuterbutter auf Pfannengemüse an kleinen gebackenen Kartoffeln
Das Rezept finden Sie auf Seite 47

Dereinst logierte hier Wilhelm II., der letzte Deutsche Kaiser. Auch Bundeskanzlerin Angela Merkel und der ehemalige französische Staatspräsident Jacques Chirac speisten in dem gastlichen Haus. Ob Theodor Fontane und Kurt Tucholsky im Schlosshotel Rheinsberg mit Freude zu Gast waren ist nicht überliefert. Jedenfalls haben beide ihre Liebe für das zauberhafte Rheinsberg genutzt, um Literatur zu schreiben. Tucholsky mit „Ein Bilderbuch für Verliebte", Fontane in den „Wanderungen durch die Mark".

Heute nun könnte die literarische Weiterentwicklung beider Werke so lauten: Claire und Wolfgang, ein akademisches Lebensabschnittspaar aus Berlin-Mitte versucht dem drohenden Beziehungs-Burnout mit einer strammen Wanderung durch das Ruppiner Land vorzubeugen. Von Lindow nach Rheinsberg. Der Wanderweg ist staubtrocken. Die Stimmung auch. Claire: „Kann man da och essen?" Wolfgang: „Na ja, is Brandenburg, wa!" Claire trottet weiter lustlos durch die anstrengende Natur. Wolfgang navigiert derweil auf seinem Smartphone. „Dit Schlosshotel scheint jut zu sein!" Claire: „Wie lange noch?"

Einige Zeit später betreten beide das 1827 erbaute und 2003 komplett renovierte Schlosshotel. Sofort steigt den müden Wanderern ein reizvoller Duft von frisch Gebratenem in die Nase. Im Steakhouse von Familie Pfeiffer stärken sie sich mit panierten Fetakäse auf Tomaten und zartem Rumpsteak sowie Schokoladen-Nussparfait mit Blaubeersauce. Claire genießt lustvoll. Dann zuckersüß: „Schatz, wir könnten doch hier och übernachten?!" Wolfgang hat das natürlich vorhergesehen und längst eines der herrschaftlichen Zimmer gebucht. Nach ein paar verführerischen Cocktails an der Bar ziehen sich beide verliebt in ihr Zimmer zurück. Ob es das vom letzten Kaiser war, bleibt ihr Geheimnis! Auf jeden Fall wandern sie nun viel öfter – und immer nach Rheinsberg!

SCHLOSSHOTEL RHEINSBERG
Kathrin & Daniel Pfeiffer
Seestraße 13, 16831 Rheinsberg
Telefon 03 39 31 / 3 90 59
info@schlosshotel-rheinsberg.de
www.schlosshotel-rheinsberg.de

BESONDERE TRILOGIE
Restaurant, Hofladen und Pension in der Wassermühle

Sanft plätschert das Wasser, eine Schilfformation wiegt im Sommerwind, Bienen summen und Vögel zwitschern vergnügt. Der nahe Wald duftet herüber. Hier, in dieser grünen Vielfalt, geht nur eines: runterkommen, entschleunigen. Die Zeit an sich vorüber ziehen lassen. Wie kleine Wolken am blauen Himmel. Alltag, verlasse mich. Der idyllische Sommergarten der historischen Mühle Tornow ist einfach der beste Platz dafür.

Die alte Wassermühle aus dem Jahre 1873 scheint nach vielen Jahren der Anstrengung und Ausbeutung nun zur Ruhe gekommen zu sein. Sie hat mit der liebevollen und detailgetreuen Restaurierung ihren Alterssitz bezogen. Doch in Rente ist sie wahrlich noch nicht. Freundlich und gelassen steht sie da. Und lädt ein. Lädt ein, sich in ihr und mit ihr wohl zu fühlen. Die Trilogie aus Restaurant mit Sommergarten, Hofladen und Pension lässt die Entdeckerlust der Besucher, hauptsächlich Berliner, zunehmend wachsen. Wer hierher kommt, will die unberührte Natur der Schorfheide mit ihrer einzigartigen Seenlandschaft im Einklang mit Ambiente und Genuss erleben.

Für diesen Genuss ist Christian Schneider und seine Kollegen verantwortlich. Die Mühlenküche beschreibt der smarte Küchenchef mit „regional, bodenständig und dabei weltoffen". Tradition gepaart mit Inspiration ist ihm ein wichtiges Anliegen. Die kleine, häufig wechselnde Karte richtet sich nach den saisonalen Gegebenheiten und dem Angebot an frischen Fisch und Wild. Letzteres bringt ein benachbarter Jäger höchst selbst in die Mühle. Die Ideen für neue Gerichte entstehen im kreativen Miteinander des Teams.

Der Hofladen im ehemaligen Getreidespeicher der Mühle bietet Schorfheide zum Mitnehmen. Ausgewählte Produkte der Region wie frisches Obst und Gemüse, Kräuter aus dem Mühlengarten, Honig, Käse und Wurstspezialitäten verlängern das Naturerlebnis mit der Mühle Tornow auf wunderbare Art!

Lavendel-Schmorbraten, geplatzte Kirschtomaten, Polentataler
Das Rezept finden Sie auf Seite 47

MÜHLE TORNOW
Christian Schneider
Neue Straße 1, 16798 Fürstenberg, OT Tornow
Telefon 03 30 80 / 40 48 50
info@muehle-tornow.de
www.muehle-tornow.de

KULINARISCHE ENTDECKUNGEN 31

MITTEN IM ORTSKERN
Schmackhafte Regionalgerichte mit internationalen Einflüssen

Gebratenes Zippelsförder Kräutersaiblingsfilet in einer Ei-Senf-Hülle an Spitzkohlgemüse mit Petersilienkartoffeln
Das Rezept finden Sie auf Seite 48

Steht man in Alt Ruppin, dem Tor zur Ruppiner Schweiz, direkt neben der beeindruckenden Backstein-Kirche St. Nikolai, erblickt man ein einladendes familiengeführtes Stadthotel nebst Restauration. Durchkreuzt man nun „Opas jemütliche Kaminkneipe", lässt den Tresen rechts neben sich und überquert die sonnige Hofterrasse, ist man schon fast mitten in der Natur. Mitten am alten Rhin. Schneller kann man von der (Klein-)Stadt ins Naturland kaum kommen.

Der alte Rhin ist die geografische Nord-Süd-Wasserstraßenverbindung der Rheinsberger und der Ruppiner Seenkette. Überregionale Radwanderwege kreuzen genau hier das Eldorado für Wassersportler. Das Hotel liegt direkt an diesem touristischen Knotenpunkt und ist gleichzeitig Mittelpunkt im historischem Stadtkern.

Kulinarisch befindet sich auch die Restaurantküche an einer Schnittstelle: der Verbindung von Tradition und Moderne. Die gutbürgerlich-brandenburgischen Gerichte der Familie Krsynowski erfahren durch die wertvollen Auslandserfahrungen des Junior-Küchen-Chefs Marcus Krsynowski eine moderne Ausrichtung. Regionale Produkte, wie Fisch, Wild und saisonales Gemüse werden verwendet, jedoch neu interpretiert – eine gesunde, in Teilen vegetarische Karte mit internationalen Einflüssen. Äußerst großer Beliebtheit erfreuen sich die lukullischen Erlebnis-Arrangements wie die Spargel- und Trüffelpakete oder das Gans- oder Zanderessen. Reservierung sehr empfohlen.

Zum 20-jährigen Betriebsjubiläum 2013 werden technische Neuerungen in das charmante Stadthotel Einzug halten. So steht eine eigene umweltschonende Energiewende an, hin zu selbst erzeugter Wärme und Strom aus Erdgas. Die behindertenfreundliche Ausstattung wird weiter vervollständigt. Auf dass jeder Gast, zwischen Natur, Genuss und Wellness, sein ganz individuelles Erleben hat – hier, im Stadthotel Am Alten Rhin.

AM ALTEN RHIN
Britta Krsynowski
Friedrich-Engels-Straße 12, 16827 Alt Ruppin
Telefon 0 33 91 / 76 50
www.hotel-am-alten-rhin.de

HONIG-RESTAURANT

Hier dreht sich (fast) alles um Honig

Im|me, die: -.-n (dichterisch für Biene). Im|men|stu|be, die (das besondere Honig-Spezialitäten-Restaurant in Brandenburg). Um es gleich vorweg zu nehmen, hier werden alle Gerichte mit Honig verbunden. Das bedeutet jedoch nicht, dass auch alles süß schmecken muss: „Honig ist bei uns die Würze!" Thomas Lenz, Geschäftsführer der Immenstube, freut sich wie das sprichwörtliche „Honigkuchenpferd", ist doch seine Idee, „wir machen mal was anderes, was mit dem goldenen Saft", seit 1998 ein voller Erfolg. Und so ließ auch der Preis „Innovativstes Konzept in Brandenburg" nicht lange auf sich warten.

Die Gäste kamen und kommen. Sie freuen sich auf die exotischen Kreationen von Küchenchef Frank Schwabe, wie dem frischen Matjes mit Honig-Joghurt-Dressing, der Leber-Blutwurst mit Tannenhonig, dem Lammkarree mit Rosmarinhonig-Kräuterkruste oder das Roastbeef auf Pfefferjus an Honig-Balsamico-Paprika. Und auch bei den Getränken wird dem Gast liebevoll „Honig ums Maul geschmiert", etwa mit Honig-Wein, Honig-Bier und sogar Honig-Grappa. Und als Dessert natürlich: leckerer hausgemachter Bienenstich. Mit diesen Spezialitäten ist die Immenstube das erste und weitgehend einzige Honig-Restaurant in Deutschland.

Das Handwerk der Imkerei hat in der Schorfheide eine jahrhundertealte Tradition. Mönche haben das wunderbare Naturprodukt bei den Wildbienen entdeckt. Später wurden Zuchtbienenvölker geschaffen, um den Honig zu gewinnen. Für die Immenstube sind vorwiegend regionale Bienenvölker „im Einsatz". Im Biosphärenreservat Schorfheide-Chorin haben sie beste Bedingungen, sind doch hier die Blumenwiesen besonders üppig. Im Laufe eines Jahres werden in der Immenstube übrigens bis zu 2,5 Tonnen (Bio-zertifizierter) Honig verarbeitet. Eine wirklich stolze Leistung der fleißigen Immen.

Wildschweinbraten auf Waldbeerenjus, dazu Bohnenbukette und hausgemachte Semmelknödel
Das Rezept finden Sie auf Seite 49

HONIG-SPEZIALITÄTEN-RESTAURANT „IMMENSTUBE"
Thomas Lenz
Neue Klosterallee 10, 16230 Chorin
Telefon 03 33 66 / 5 01 40
hotel@chorin.de
www.chorin.de

KARTOFFELN HEISSEN HIER NUDELN

Herzhaft-gute Gerichte in der Fachwerkscheune

Die schönste Anreise zur Alten Klosterschänke Chorin ist sicher die mit „Gertrude", der Solarfähre vom gegenüberliegenden VCH-Hotel Haus Chorin. Einmal über den idyllischen Amtssee und inmitten einer saftig-grünen Schilfformation unter Linden, gleich hinter der Historischen Amtsschmiede altehrwürdiges Land betreten: herrlich!

Hier spürt man Geschichte. Das in Sichtweite liegende Zisterzienserkloster Chorin, eines der schönsten und ältesten Baudenkmäler der märkischen Backsteingotik, hat diesen Ort geprägt. Die Alte Klosterschänke ist seit 1753 die angehörige Gastwirtschaft und älteste Einkehr für Einheimische und Zugereiste. Vor einigen Jahren ist die alteingesessene Schänke umgezogen. In die denkmalgerecht-umgebaute Fachwerkscheune direkt neben der „Alten Klosterschänke".

Küchenmeister Frank Schwabe, Koch aus Leidenschaft seit er 13 Jahre alt ist, wartet mit einer zeitgemäßen leichten Küche mit modern-mediterranen Einflüssen auf. Die regional geprägten Gerichte werden mit Erzeugnissen aus der nahen Schorfheide und der Uckermark zubereitet. Einige der Produkte kommen aus dem nahe gelegenen Ökodorf Brodowin. Und so liest sich die Speisekarte sehr verführerisch: Bolognese vom Brodowiner Wildschwein mit Farfalle und geriebenem Hartkäse, Karpfenfilet mit Choriner Biersauce, hausgemachte Rindersülze auf Remoulade mit Olivenbratkartoffeln oder gebratener Zander an Röstitalern mit Fenchel-Paprika-Salat. Übrigens werden Kartoffeln hier in der Uckermark seit alters her Nudeln genannt. Warum, das lässt sich nicht mehr genau klären.

Rindersülze mit Bratkartoffeln und Remouladensauce
Das Rezept finden Sie auf Seite 49

Besonders stimmungsvoll und gemütlich ist das rustikale Essen, mit oder ohne Nudeln, am Schmiedefeuer in der „Historischen Amtsschmiede". Im Sommer kann man im sehr einladenden Biergarten die Zeit vorüber ziehen lassen. Oder zum nahen Kloster Chorin spazieren. Es lohnt sich.

ALTE KLOSTERSCHÄNKE CHORIN
Thomas Lenz
*Am Amt 9, 16230 Chorin
Telefon 03 33 66 / 53 01 00
info@alte-klosterschaenke-chorin.de
www.chorin.de*

EINFACH WOHLFÜHLEN
Elegantes Haus mit regional-mediterranen Gerichten

Schorfheider Rehrücken mit Kräuter-Senf-Kruste, jungem Sommergemüse und Rosmarinkartoffeln
Das Rezept finden Sie auf Seite 50

Wie ein preußisches Gutshaus steht es da, das legendäre Café Wildau Hotel & Restaurant. Strahlend weiß. Am südlichen Ufer des Werbellinsee zwischen Buchen und Erlen inmitten eines der größten Jagdgebiete Brandenburgs, der Schorfheide.

Das geschichtsträchtige Haus, einst als Fabrikantenvilla erbaut, diente später als Gästehaus des Deutschen Kaisers. Nach dem Krieg war es bis 1974 ein beliebtes Ausflugslokal. Im Dezember 1981, kurz vor dem Staatsbesuch von Altkanzler Helmut Schmidt im nahe gelegenen Jagdschloss Hubertusstock, verschwand das marode Café Wildau kurzerhand im See.

Inhaberin Caren von Hertzberg hat das Haus originalgetreu wieder aufgebaut und mit neuem Leben gefüllt. Seit Juli 2009 nun beherbergt das Café Wildau ein elegantes Restaurant und Hotel mit feinem Wellnessangebot.

Sitzt man auf der Stegterrasse mit dem herrlichen Blick über das kristallklare Wasser des Werbellinsee ist der Alltag völlig vergessen. Schon Theodor Fontane schwärmte: „Es ist ein Märchenplatz, auf dem wir sitzen, denn wir sitzen am Ufer des Werbellin".

Martin Melzow, der Küchenchef des Hauses, verführt seine Gäste mit einem raffinierten Mix aus regionalen Produkten und mediterraner Inspiration. Genießen kann man zum Beispiel den Schorfheider Wildschweinbraten, das Filetsteak vom Buckower Landrind, ein zart-gebratenes Zanderfilet oder eine der anderen saisonalen Köstlichkeiten.

Das besondere Flair des Café Wildau offenbart sich durch die beeindruckende Naturnähe. Tipp: die umliegenden Wälder des Biosphärenreservats Schorfheide zu Fuß, per Rad oder mit der Kutsche erkunden. Oder mit dem charmanten Ausflugsdampfer „Altwarp" über den wundervollen Werbellin schippern.

Den Tag ausklingen lassen kann man mit einem Candle Light Dinner im Abendrot auf der Stegterrasse oder vor dem knisternden Kamin des Hauses.

CAFÉ WILDAU HOTEL & RESTAURANT AM WERBELLINSEE
Caren von Hertzberg
Wildau 19, 16244 Schorfheide OT Eichhorst
Telefon 03 33 63 / 5 26 30
info@cafe-wildau.de
www.cafe-wildau.de

EHRLICHE KÜCHE

Leichte wie rustikale Genüsse im warm-wohligen Esszimmer

Als in der Ackerbürgerstadt Kremmen des Jahres 1659 wieder einmal die halbe Ortschaft einer Brandkatastrophe zum Opfer gefallen war, erließ der nahe Kurfürst das Verbot, Heu, Stroh und Saatgut in den Höfen der Stadt zu lagern. Dieses Verbot war die Geburtsstunde für ein gemeinsames Scheunenviertel unweit von Kremmen. Das bis heute erhaltene Scheunenviertel, es umfasst 56 Gebäude, ist eines der größten Ensembles seiner Art in Europa.

In einer dieser mittlerweile restaurierten Scheunen brennt es heute jedoch noch immer. Auf dem Herd und in den Herzen der beiden Gastgeber Charlotte und Norbert Stolley. Die Inhaber des Coldehörn, was norddeutsch so viel bedeutet wie kalte und zugige Ecke, haben in ihrer Scheune ein warm-wohliges Wohn- und Esszimmer geschaffen. Eines mit offener Gourmetküche. Hier kommen leichte, frische, aber auch rustikale und deftige Erzeugnisse auf den Tisch. Dabei bleibt das Speisenangebot stets exklusiv, denn „Was haben wir da? Was machen wir heute?" ist ein untrüglichen Zeichen für vorwiegend regionale Produkte und eine ehrliche Küche. So sind Linumer Wiesenkalb, Havelländer Apfelschwein oder die Hackenberger Lämmer immer wieder auf der kleinen, feinen Speisekarte zu finden. Konserven, Tiefkühlkost und Mikrowelle hat die gemütliche Scheune dagegen nie kennen gelernt. Gekocht wird hier nach Südtiroler Art. Die speziellen Zutaten wie Antipasti, Rohmilchkäse, Schinken und andere österreichische und italienische Wurstspezialitäten werden einmal die Woche direkt aus Wien angeliefert.

Charlotte und Norbert Stolley sind Gastgeber aus Passion. Vor fünf Jahren haben sie das Coldehörn eröffnet und „sich entwickeln lassen!" Dinge positiv verändern, das braucht eben Zeit. So wie gutes Essen, davon ist Norbert Stolley überzeugt. Auf der Speisekarte ist das als Hinweis für die „Ungeduldler" übrigens vermerkt. Coldehörn – lauschiger kann eine „Zugige Ecke" nicht sein!

Kotelett vom Havelländer Apfelschwein mit Nierchen vom Linumer Wiesenkalb *Das Rezept finden Sie auf Seite 50*

COLDEHÖRN WEIN & KÄSE
Charlotte & Norbert Stolley
Im Scheunenviertel Scheunenweg 30, 16766 Kremmen
Telefon 03 33 55 / 2 00 04
coldehoern@t-online.de
www.coldehoern.de

GASTGEBER DER ALTEN SCHULE

Seit über 100 Jahren Ort gepflegter Gastlichkeit

Reinhard Habo's Schermützel-Hecht mit Schmorgurken und kleinen Petersilienkartoffeln
Das Rezept finden Sie auf Seite 51

Mitten im Naturpark Märkische Schweiz, einer durch die letzte Eiszeit geformten, sanft geschwungenen, wunderbaren wald- und seenreichen Landschaft, liegt dessen größter See, der Schermützelsee. Steht man im Angesicht dieses malerischen Sees mit seinem verführerischen Naturgewand möchte man ihn sofort umrunden. Und das ist möglich, geht doch ein Wanderweg einmal rund herum.

Vom Marktplatz in der Kneipp-Kurstadt Buckow startend, führt der Weg durch die typische Landschaft der Märkischen Schweiz vorbei an verschiedenen Schluchten, den sogenannten Kehlen. Nach der Schwarzen Kehle, hier wurde früher Kohle abgebaut, der Grenz- und der Buchenkehle kommt der rastlose Wanderer auch zur Fischerkehle am südlichen Teil des Schermützelsees.

Hier erwartet das gleichnamige Restaurant seine Gäste. Seit über 100 Jahren ist die Fischerkehle ein Ort der gepflegten Gastlichkeit. Der Charme des historischen Gebäudes ist über die Jahrzehnte erhalten geblieben. Inhaber Reinhard Habo ist ein Meister der feinen Tischkultur. Mit viel Liebe zum besonderen Detail, einem beeindruckenden Sortiment an edlem Geschirr und einem äußerst angenehmen Service verwöhnt er seine Gäste hochprofessionell. Beliebt sind bei schönem Wetter vor allem die Plätze auf der weitläufigen Terrasse. Einzigartig: der traumhafte Blick auf den ruhigen und klaren See.

Kulinarisch stehen in der Fischerkehle natürlich Fisch-, aber auch frische Wildspezialitäten auf der umfangreichen Karte. Von der Vorspeise bis zur süßen Leckerei – im Restaurant Fischerkehle kommen frische und ausgesuchte Lebensmittel auf den Küchentisch. Und Reinhard Habo lässt es sich auch in der Küche nicht nehmen, für den Gast sein Bestes zu geben. Er ist eben ein Gastgeber der alten Schule. Schön, dass es das noch gibt!

RESTAURANT FISCHERKEHLE
Reinhard Habo
Am Fischerberg 7, 15377 Buckow / Märkische Schweiz
Telefon 03 34 33 / 3 74
Fischerkehle-Buckow@t-online.de
www.restaurant-fischerkehle.de

KULINARISCHE ENTDECKUNGEN

LUST AUF GERÄUCHERTES
Mittelpunkt ist hier das Rauch- und Backhaus

Was passiert, wenn ein Berliner Elektromeister einen Räucherofen findet? Er entdeckt seine Leidenschaft. Seine Leidenschaft für Geräuchertes. Gut 25 Jahre ist es her, da fand Wolfgang Schalow dieses alte Räuchergerät. Seitdem hat er nicht mehr aufgehört, frischen Fisch sanftem Rauch anzuvertrauen. 1995 hat er sich auf dem Land niedergelassen. In Marxdorf, einem uralten Sackgassendorf. Wer hierherkommt, kommt nicht weiter. Muss er auch nicht. Einfach in Schecherts Hof einkehren, leckeren Fisch bestellen und die Zeit vergessen.

Mittelpunkt des Hofes ist das Rauch- und Backhaus im idyllischen Sommergarten. Hier werden die goldgelben Fischspezialitäten zubereitet, von der Forelle bis zum köstlichen „Lachs nach Spanferkelart". Deftige Braten, Ente kross oder herzhaftes „Oderbruch-Brot" werden in Uromas Holzbackofen gebacken.

Bei dem anerkannten Räuchermeister kommen ausschließlich frische Produkte auf den Küchentisch. Und alles wird von Hand zubereitet. „Süßwasserfische liefert der Fischer aus der Nachbarschaft. Seefisch kommt direkt aus Bremerhaven von der Fischauktion." Wolfgang Schalow lächelt: „Wir sind hier die beste Fischgaststätte an der Ostsee. Nur eben etwas weiter weg." Sein Räuchergeheimnis ist guter Fisch, etwas Wasser, etwas Salz und Rauch aus ordentlichem Holz, am besten Buche oder Erle. Eine seiner ausgezeichneten Spezialitäten ist die Fischroulade aus frischem Wels. Köstlich.

Im Herbst stellt er um, auf Ente. Jeden Freitag im November kommt sie backfrisch aus dem Holzbackofen. Und Anfang des Jahres, von Januar bis März, ist Quappenzeit.

„Man muss Besonderes haben und interessant bleiben", resümiert Wolfgang Schalow seine Räucher- und Backofen-Erfolgsgeschichte. Seinen Elektrobetrieb hat er vor vielen Jahren aufgegeben. Beides war nicht mehr zu vereinbaren. Gut so. Doch eines merkt man noch heute: Für leckeren Fisch steht er immer noch voll unter Strom!

SCHECHERT'S HOF
Wolfgang Schalow
*Dorfstraße 35, 15306 Vierlinden, OT Marxdorf
Telefon 03 34 70 / 49 50
info@schechertshof.de
www.schechertshof.de*

Märkischer Räucheraal
Das Rezept finden Sie auf Seite 51

REZEPTE

Frischkäsekuchen vom Rosalienhof (l.) und Uckermärkischer Fischteller vom Wirtshaus Zur Klostermühle

FRISCHKÄSEKUCHEN
Rosalienhof, Seite 22

ZUTATEN
Mürbeteig:
240 g Mehl, 60 g Zucker, 1 Pckch. Vanillezucker, 130 g kalte Butter, 1 Eigelb

Füllung:
700 g Frischkäse (Doppelrahmstufe), 400 g saure Sahne, 160 g Zucker, 1 Päckchen Vanillezucker, 1 EL Zitronenabrieb (Bio-Zitrone), 6 Eigelb, 6 Eiweiß, 2 EL Stärkemehl

ZUBEREITUNG
Backofen (Umluft) auf 180 °C vorheizen. Für den Teig Mehl, Zucker, Vanillezucker, kalte Butter und Eigelb in eine Rührschüssel geben und alles mit der Hand sorgfältig verkneten. Dann 1 Stunde ruhen lassen. Eine Backform sorgfältig fetten, den Teig hineinfüllen und glattdrücken. Einen etwa 2 cm hohen Rand formen. Im Ofen ca. 10 Minuten vorbacken.

Backofen (Umluft) auf 225 °C vorheizen. Für die Füllung Frischkäse, saure Sahne, Zucker, Vanillezucker, Zitronenabrieb, Eigelb in eine Rührschüssel geben und sorgfältig miteinander vermengen. Separat 6 Eiweiß steifschlagen und 2 gestrichene EL Speisestärke unterheben. Die lockere Eiweißmasse vorsichtig unter die Frischkäsemasse heben. Dann alles auf den Mürbeteig geben und glatt streichen. Im Ofen 10 Minuten backen. Nach 5 Minuten mit Backpapier abdecken. Nach 10 Minuten die Hitze auf 120 Grad reduzieren und weitere 55 Minuten backen. Aus dem Ofen nehmen, abkühlen lassen und eine Stunde in den Kühlschrank stellen.

UCKERMÄRKISCHER FISCHTELLER
Wirtshaus Zur Klostermühle, Seite 24

ZUTATEN FÜR VIER PERSONEN
400 g Zanderfilet, 400 g Lachsforellenfilet, 400 g Welsfilet, 8 Flusskrebse, etwas Mehl, etwas Weißwein

Bratkartoffeln:
400 g festkochende Kartoffeln, 50 g durchwachsener Speck, 50 g Schalotten

Salat: *Kopfsalat, Möhren, Weißkohl, Eisbergsalat, Tomaten, Gurken, Paprika, Joghurtdressing*

*Kräuter (Dill, Schnittlauch, Petersilie)
2 Eier, Öl zum Braten
Pfeffer, Salz, Majoran*

ZUBEREITUNG
Die Filets waschen, trocken tupfen, portionieren, säuern und salzen. Das Lachsfilet natur braten. Das Welsfilet in Mehl wenden und braten. Das Zanderfilet in Mehl wenden und durch geschlagenes Ei (mit den Kräutern) ziehen und braten.
Die Kartoffeln als Pellkartoffeln kochen, erkalten lassen, in Scheiben schneiden, Kartoffeln in die vorgewärmte Pfanne geben, Speck und Zwiebeln dazugeben, mit Pfeffer, Salz, Majoran würzen. Flusskrebse im Wurzelsud mit Wein kochen.
Salatbeilage: Aus dem Kopfsalatblättern, geschnittenen Eisbergsalat mit Joghurtdressing, vorbereiteten Möhren- und Weißkrautsalat, geschnittenen Tomaten, Gurken und Paprika wird die Salatbeilage präsentiert. Auf den Salatblättern werden nebeneinander der Möhren- und Weißkrautsalat und der Eisbergsalat mit Tomaten-, Gurken- und Paprikawürfel angerichtet.

ZANDERFILET MIT THYMIAN, LINSENGEMÜSE MIT GARTENKRÄUTERN UND GNOCCHI
Der Seehof, Seite 26

ZUTATEN FÜR 4 PERSONEN
800 g Zanderfilet, 4 Thymianzweige, 1 Zitrone, Butter, 300 g Linsen, 1 kleine Zwiebel, 1 Karotte, 50 g Sellerie, 1 kleine Knoblauchzehe, 1 EL Olivenöl, 1 EL Butter, 2 EL Tomatenmark, 5 EL Balsamicoessig, 200–250 ml Gemüsefond, 150 g Sahne, Salz, Pfeffer, Zucker

Zanderfilet aus dem Seehof (l.) und Rumpsteak auf Pfannengemüse vom Schlosshotel Rheinsberg

Gehackte Kräuter: *Thymian, Rosmarin, Majoran, glatte Petersilie, Schnittlauch, evtl. Bärlauch, Basilikum.*
500 g vorwiegend festkochende Kartoffeln, 1 Ei, ca. 175 g Hartweizengrieß, Salz, Pfeffer, Muskat

ZUBEREITUNG

Die Linsen über Nacht in Salzwasser einweichen. Zwiebel, Karotte, Sellerie und Knoblauch in feine Würfel schneiden, dann mit der Butter und dem Olivenöl im Topf anschwitzen. Das Tomatenmark zugeben und kurz anrösten. Mit Balsamicoessig ablöschen und die Linsen in den Topf geben. Gemüsefond und Sahne dazugeben und solange kochen bis die Linsen die Flüssigkeit aufgenommen haben. Mit Salz, Pfeffer und Zucker abschmecken. Die gehackten Kräuter dazugeben.

Für die Gnocchi die Kartoffeln kochen, pellen und durch die Kartoffelpresse geben. Wenn die Kartoffelmasse erkaltet ist, das Ei, den Hartweizengrieß, Salz, Pfeffer und Muskat zugeben. Alles zu einem Teig verkneten, zu kleinen Kugeln formen und mit einer Gabel eindrücken, damit die typische Form entsteht. In kochendes Salzwasser geben bis die Gnocchi oben schwimmen. 2 Minuten ziehen lassen und in kaltem Wasser abschrecken. Später in Butter goldgelb anbraten.

Das küchenfertige Filet von beiden Seiten mit Salz und Pfeffer würzen. In einer beschichteten Pfanne auf der Hautseite bei mittlerer Temperatur braten. Damit sich der Fisch nicht zusammenzieht, kann man zu Anfang einen kleinen Topf auf das Filet stellen. Wenn der Fisch fast gar ist, wenden und Zitronenscheiben, Thymianzweige und etwas Butter dazugeben. Kurz ziehen lassen.

RUMPSTEAK MIT KRÄUTERBUTTER AUF PFANNENGEMÜSE AN KLEINEN GEBACKENEN KARTOFFELN
Schlosshotel Rheinsberg. Seite 28

ZUTATEN FÜR 4 PERSONEN
4 Rumpsteak (à 200 g), 1 Bd. Rosmarin, 100 g weiche Butter, Petersilie, Schnittlauch, 1 TL Senf, Zitronensaft, Olivenöl, 500–600 g Gemüse nach Saison, 400 g kleine Kartoffeln (z. B. Bamberger Hörnchen)

ZUBEREITUNG

Den Backofen auf 120 °C vorheizen. Beim Fleischer 4 Rumpsteaks mit kleinem Fettrand schneiden lassen. Das Fleisch mit Salz und groben Pfeffer würzen und in der Pfanne mit Olivenöl von beiden Seiten anbraten. Dann mit Rosmarinzweigen und einer Flocke Butter belegen und im vorgeheizten Ofen ca. 8 Minuten medium garen. Für die Kräuterbutter gezupfte Petersilienblätter, Schnittlauch und etwas Olivenöl in den Mixer geben. Alles sehr fein zerkleinern. Nun den Senf, einen Spritzer Zitronensaft, Salz, Pfeffer und die weiche Butter zugeben. Die Butter abschmecken. Dann mit einem Spritzbeutel anrichten oder rollen und kalt stellen, um die Butter später gut in Scheiben schneiden zu können.

Für das Pfannengemüse unterschiedliches Gemüse putzen und in dekorative Stücke schneiden. Die Garzeiten für die einzelnen Gemüsesorten beachten und die Sorten einzeln in der Pfanne mit Butter oder Olivenöl garen. Das Gemüse in der erhitzten Pfanne sofort salzen, so wird dem Gemüse Wasser entzogen, und es gart im eigenen Saft. Die warm gehaltenen Gemüsesorten mischen. Eventuell Kräuter zugeben. Für die gebackenen Kartoffeln die kleinen Kartoffeln mit Schale waschen und in eine Auflaufform setzen. Mit Olivenöl, Rosmarin, grobem Pfeffer und Salz einreiben. Im Ofen bei 180 °C ca. 25–30 Minuten backen. Dazu kann Quark, Crème fraîche oder Frischkäse gereicht werden.

LAVENDEL-SCHMORBRATEN, GEPLATZTE KIRSCHTOMATEN, POLENTATALER
Mühle Tormow, Seite 30

ZUTATEN
900 g falsches Filet vom Rind (Hüfte), 300 g Wurzelgemüse, 2 EL Tomatenmark, 1 l Wasser, 500 ml Rotwein,

REZEPTE

Lavendel-Schmorbraten aus der Mühle Tornow (l.), Kräutersaiblingsfilet aus dem Haus Am alten Rhin

ca. 100 g Lavendel, 200 g Kirschtomaten, 1 Zucchini, 1 Knoblauzehe, 125 g Maisgries, 500 ml Brühe/ Gemüsebrühe, Zucker, Salz, Olivenöl, Balsamicoessig, 1 TL Dijonsenf

ZUBEREITUNG

Das falsche Filet gut mit Salz und Pfeffer würzen und von beiden Seiten mit Olivenöl im Schmortopf anbraten. Das Filet herausnehmen und das klein geschnittene Wurzelgemüse scharf anbraten, Tomatenmark zugeben und mit rösten. Mit dem Rotwein ablöschen. Das Filetstück nun wieder in den Topf geben, mit Wasser auffüllen und den Dijonsenf darin auflösen. Das Fleisch sollte zu einem Drittel bedeckt sein. Lavendelstrauß zugeben und je nach Stärke des Fleisches 60 bis 90 Minuten bei 160 Grad schmoren. Gelegentlich wenden.
Für die Polenta den Knoblauch schälen, fein würfeln. Brühe mit Knoblauch und etwas Salz zum Kochen bringen. Maisgrieß unter ständigem Rühren zur kochenden Flüssigkeit geben. Hitze reduzieren und die Polenta bei kleiner Hitze unter häufigem Rühren etwa 40 Minuten garen lassen. Eine Auflaufform dünn mit Öl einstreichen. Polenta mit Salz und Pfeffer würzen und in die Auflaufform geben. Mit einem in Wasser getauchten Esslöffel etwa 2 cm dick ausstreichen. Polenta nun 30 Minuten im Kühlschrank abkühlen lassen.
Für das „Lavendelpesto" 50 ml Olivenöl mit ca. 30 g Lavendel pürieren.
Zucchini in 1 cm dicke Scheiben schneiden und in einer heißen Pfanne mit etwas Olivenöl anbraten, dann eine Prise Zucker und Salz und einen Spritzer Balsamico dazugeben. Dasselbe mit den Kirschtomaten tun, bis diese aufgeplatzt sind.
Schmorbraten aus dem Topf nehmen und die Flüssigkeit passieren. In einem Topf ca. 10 bis 15 Minuten reduzieren bis die gewünschte Konsistenz erreicht ist. Erkaltete Polenta auf ein Arbeitsbrett stürzen. Beliebige Formen ausstechen, dünn mit etwas Olivenöl einpinseln und in einer heißen Grillpfanne 3 bis 5 Minuten von beiden Seiten braten. Nach dem Anrichten des Schmorbratens noch etwas „Lavendelpesto" über das Fleisch geben.

GEBRATENES ZIPPELSFÖRDER KRÄUTERSAIBLINGSFILET IN EINER EI-SENF-HÜLLE AN SPITZKOHLGEMÜSE MIT PETERSILIENKARTOFFELN
Am alten Rhin, Seite 32

ZUTATEN FÜR 4 PERSONEN

Kräutersaiblingsfilet: *600 g Saiblingsfilets ohne Haut, 2 Eier, 1 TL Senf, 1 Bd. Petersilie*
Spitzkohlgemüse: *1 Kopf Spitzkohl (ca. 500 g), 200 g Kochsahne, Abrieb von 1 Zitrone, Salz, Pfeffer, Muskat*
Petersilienkartoffeln: *4 festkochende Kartoffeln, 100 g Margarine, 50 g Butterschmalz, 1 Zwiebel, 1 Bd. Petersilie, 2 EL Mehl*

ZUBEREITUNG

Das frische Saiblingsfilet unter fließendem, kalten Wasser abspülen und mit Küchenpapier trocken tupfen. Anschließend mit Salz und Pfeffer würzen, dünn mit Senf bestreichen. Nun die Filets in Mehl wenden und vorsichtig durch das geschlagene Ei ziehen.
In der Zwischenzeit die Fischpfanne erhitzen und Butterschmalz darin heiß werden lassen. Die Fischfilets bei mittlerer Hitze knusprig und goldbraun braten. Die Filets wenden und die andere Seite ebenfalls knusprig goldbraun braten. Nun obenliegende Seite mit gehackter Petersilie bestreuen. Die Pfanne von der Herdplatte ziehen und die Fischfilets in der Restwärme durchziehen lassen.
Den Spitzkohl putzen und in feine Streifen schneiden. Die Zwiebeln pellen und fein würfeln, dann beides in Butterschmalz andünsten, die Kochsahne dazugeben und ca. 8 Minuten köcheln lassen. Anschließend mit Muskat und Schnittlauch abschmecken.
Die Kartoffeln schälen und in Viertel schneiden, in Salzwasser kochen und anschließend in Butterschmalz schwenken, mit gehackter Petersilie bestreuen.

Wildschweinbraten mit Semmelknödel aus der Immenstube (l.), Rindersülze mit Bratkartoffeln, Alte Klosterschänke

WILDSCHWEINBRATEN AUF WALDBEERENJUS, DAZU BOHNENBUKETTE UND HAUSGEMACHTE SEMMELKNÖDEL
Honig-Spezialitäten-Restaurant Immenstube, Seite 34

ZUTATEN FÜR 1 PERSON

250 g Wildschweinbraten (Nacken oder Keule), Öl zum Braten, etwas Rotwein, 1 kleine Zwiebel, 1 Karotte, 1 TL Tomatenmark, 1 Rosmarinzweig, 2 Wacholderbeeren, 1 Lorbeerblatt, 100 g Waldbeeren, 200 ml Wasser, 1 EL Honig, 2 Brötchen (vom Vortag), 1 keine Zwiebel, gehackte Petersilie, 1 Ei, 100 ml Milch, etwas Butter zum Braten, Salz und Pfeffer zum Würzen, 150–200 g Prinzessbohnen, 3 Scheiben Schinken, Bohnenkraut

ZUBEREITUNG

Den Backofen auf 200 °C vorheizen. Die Wildschweinkeule mit Salz, Pfeffer und zerstoßenen Wacholderbeeren einreiben. Das Öl in einer Kasserolle erhitzen und das Fleisch von allen Seiten anbraten. Das Fleisch herausnehmen und mit dem Honig einreiben. Die gehackten Zwiebeln und Karotten, in Würfel geschnitten, im Öl goldgelb anrösten. Das Tomatenmark dazugeben, kurz mitrösten und dann mit etwas Rotwein und Wasser ablöschen. Das Fleisch in die Kasserolle geben und die Kasserolle in den Backofen schieben.
Nach einer halben Stunde die Temperatur auf 160 Grad zurückdrehen, den Rosmarin und das Lorbeerblatt dazugeben und die Keule unter regelmäßigem Begießen ca. 2 Stunden schmoren. Das Fleisch, den Rosmarin und Lorbeerblatt aus der Kasserolle nehmen. Den Fond mit Salz und Pfeffer abschmecken und bei Bedarf mit Saucenbinder abbinden. Zum Schluss die Waldbeeren dazugeben, aber nicht mehr aufkochen.
Die Brötchen in Würfel schneiden und mit der lauwarmen Milch übergießen. Zwiebel hacken und mit der Petersilie in Butter andünsten. Danach unter die Brötchenmasse rühren. Mit Salz und Pfeffer würzen und das ganze mit dem Ei mischen und ruhen lassen. Mit nassen Händen Knödel formen und etwa 20 Minuten in siedendem Salzwasser gar ziehen lassen.
Die Bohnen waschen und in reichlich Salzwasser etwa 10 Minuten garen. Abgießen, kalt abschrecken und gründlich abtropfen lassen. Die Bohnen in 3 Portionen teilen und jede Portion fest in eine Scheibe Schinken wickeln. Die Bohnenbündchen in einer Pfanne mit dem Bohnenkraut leicht braten bis der Schinken goldgelb ist.

RINDERSÜLZE MIT BRATKARTOFFELN UND REMOULADENSAUCE
Alte Klosterschänke, Seite 36

ZUTATEN FÜR 4 PERSONEN

1 kg Rinderbrust, 80 g Wurzelgemüse in Streifen, 1 EL Kapern, 40 g gemahlene Gelatine, etwas gehackter Dill, Salz und Pfeffer zum Würzen, 8 EL Mayonnaise, 3 gekochte Eier, 3 Gewürzgurken, 1 kleine Zwiebel, etwas Worcestershiresauce, Zucker, 500 g Kartoffeln vom Vortag, 50 g Bauchspeck durchwachsen (gewürfelt), Öl zum Braten, edelsüßes Paprikapulver

ZUBEREITUNG

Am Vortag die Rinderbrust in 1 l Wasser weich kochen. Den Fond aufbewahren. 3 bis 4 EL Fond abnehmen und die Gelatine darin einweichen. Gemüsestreifen kurz blanchieren. Die gekochte Rinderbrust in Würfel schneiden. Rinderbrustwürfel, Gemüsestreifen und Kapern in ein Gefäß geben. Den Fond leicht aufkochen mit etwas Salz und Pfeffer abschmecken, die aufgelöste Gelatine dazugeben und in das Gefäß gießen. Vorsichtig umrühren, kaltstellen. Die gekochten Eier pellen und in kleine Würfel schneiden. Die Zwiebel und die Gewürzgurken in kleine Würfel schneiden. Die Mayonnaise mit den Eiern, Zwiebeln und Gurken verrühren. Alles

REZEPTE

Schorfheider Rehrücken vom Café Wildau (l.), Schweinkotelett und Kalbsnierchen aus dem Restaurant Coldehörn

je nach Geschmack mit den Gewürzen und Worcestershiresauce abschmecken. Zwiebeln würfeln und Kartoffeln in 5 mm dicke Scheiben schneiden. Öl in einer Pfanne erhitzen, die Speckwürfel leicht anbraten. Jetzt die Kartoffeln in die Pfanne geben. Nach 2 Minuten die Hitze drosseln und die Zwiebelwürfel dazugeben. Gelegentlich wenden. Mit Salz, Pfeffer und Paprika abschmecken.

SCHORFHEIDER REH-RÜCKEN MIT KRÄUTER-SENF-KRUSTE, JUNGEM SOMMERGEMÜSE UND ROSMARINKARTOFFELN
Café Wildau, Seite 38

ZUTATEN FÜR 4–6 PERSONEN
*1 Rehrücken (ca. 1,5–2 kg),
1 kg verschiedene Sommergemüse,
1,5 kg festkochende Kartoffeln,
150 g Butter, Kräuter (Thymian,
Schnittlauch, Rosmarin,
glatte Petersilie, 1 Knoblauchzehe,
1 Zwiebel, 1 Bd. Suppengrün,
Rotwein, 200 g körniger Senf,
100 g Tomatenmark, 30 g Semmelmehl,
Lorbeer, Salz, Pfeffer, Wacholder,
Piment, Thymian*

Rehrücken und Sauce
Die Rehrückenlachse und Filets aus den Knochen lösen, von Sehnen befreien, Rehlachse portionieren, scharf anbraten, anschließend aus dem Topf nehmen, mit Salz und frisch gemahlenem Pfeffer würzen. Für die Sauce die Knochen zerkleinern und mit den Sehnen scharf im Topf der Rehlachse anbraten, Suppengrün hinzugeben. Den Ansatz mit Rotwein ablöschen, das Tomatenmark hinzugeben und kurz mitrösten. Anschließend 2 l Brühe oder Wasser auffüllen und 1 Stunde köcheln lassen. Die Sauce mit Lorbeer, Piment, Salz, Pfeffer, zerdrückten Wacholderbeeren, Thymian, Pfeffer würzen. Die Sauce auf 500 ml einkochen, durch ein feines Sieb passieren, abschmecken und ggf. nachbinden.

Sommergemüse/Rosmarinkartoffeln
Das Gemüse blanchieren, würzen und in Butter andünsten.
Die gewaschenen, geschälten, rohen Kartoffeln in Spalten schneiden und kurz ankochen (bissfest).
Die angekochten Kartoffelspalten in Butter goldbraun anbraten, würzen und kurz vor dem Servieren die gezupften Rosmarinnadeln hinzugeben.

Kräuter- Senf-Kruste
Den Backofen auf 160 °C vorheizen. Die Kräuter fein hacken. Eine Knoblauchzehe pressen und mit 100 g zimmerwarmer Butter, körnigem Senf, den gehackten Kräutern, geriebener Semmel, Salz und Pfeffer zu einer streichfähigen Masse vermengen. Masse auf die Rehrückenlachse verteilen und im Ofen auf eine Kerntemperatur von 55 °C ca. 10 Minuten erhitzen. Das Fleisch unter dem Backofengrill ca. 3 Minuten goldbraun gratinieren und danach 5 Minuten bei Zimmertemperatur ruhen lassen.

KOTELETT VOM HAVEL-LÄNDER APFELSCHWEIN MIT NIERCHEN VOM LINUMER WIESENKALB
Coldehörn Wein & Käse, Seite 40

ZUTATEN FÜR 4 PERSONEN
*4 Koteletts, Salz, Pfeffer, Zitronenpfeffer,
200 g Kalbsnieren, 2 Speckbirnen,
8 geschälte Schalotten, 4 ungeschälte
Knoblauchzehen, 200 g Rharbarber,
4 Zimtstangen, Peperoni, 24 kleine
Oliven, 4 Espresso, Olivenöl*

ZUBEREITUNG
Den Backofen auf 180 °C vorheizen. Die Koteletts mit Salz und Pfeffer würzen. Den Fettrand mit Zitronenpfeffer einreiben. Nun zusammen mit den Kalbsnieren in einer Pfanne mit etwas Olivenöl anbraten. Dann in eine Kasserolle geben.
Speckbirnen vierteln, Kerne entfernen und mit den geschälten Schalotten, den ungeschälten und halbierten Knoblauchzehen, dem geschälten und in längliche Stücke geschnittenen Rharbarber, den Zimtstangen, etwas Peperoni und den kleinen Oliven in einer Pfanne

Schermützel-Hecht vom Restaurant Zur Fischerkehle (l.), Märkischer Räucheraal von Schechter's Hof

mit etwas Olivenöl anbraten. Nach Geschmack würzen und anschließend zum Fleisch in die Kasserolle geben. Den Bratensatz in der Pfanne mit dem Espresso ablöschen und beiseitestellen. Die Kasserolle im vorgeheizten Ofen 10 Minuten garen. Die heiße Espressojus auf die vorgewärmten Teller geben und das Gemüse und das Fleisch ansprechend anrichten. Mit frischen Kräutern garnieren. Dazu passen Rosmarinkartoffeln oder gefüllte Bärlauchgnocchi mit Pistazienkernöl.

REINHARD HABO'S SCHERMÜTZEL-HECHT MIT SCHMORGURKEN UND KLEINEN PETERSILIEN-KARTOFFELN
Restaurant Zur Fischerkehle, Seite 42

ZUTATEN FÜR 4 PERSONEN
Hecht (ca. 1 kg), 150 g Rindfleischknochen, 40 g Bauchspeck, 1 kg Kartoffeln, 1 Salatgurke, 2 Tomaten, 1 Zitrone, 2 Zwiebeln, 1 Toastscheibe, Pfefferkörner, Pimentkörner, 2 Lorbeerblätter, Dillstiele, 1 Bd. gehackter Dill, Petersilienstiele, 20 g Butter, Salz, Pfeffer

ZUBEREITUNG
Von einem gehackten Rinderknochen, einer Zwiebel, Pfefferkörnern und Lorbeerblatt, Petersilien- und Dillstielen eine Brühe ziehen. Die Tomaten in kochendem Wasser abbrühen, abkühlen lassen und die Schale abziehen. Zerteilen, das Kerngehäuse entfernen und in kleine Würfel schneiden. Salatgurke schälen, längs vierteln, die Kerne entfernen und in bleistiftdicke Scheiben schneiden. Gehackte Zwiebeln in Butter andünsten, etwas Speck dazugeben, mit etwas Mehl anstäuben und anschwitzen. Die Tomatenwürfel dazugeben, die Brühe angießen, damit das Mehl Bindung bekommt. Sahne angießen. Ca. 10 Minuten köcheln lassen, mit Salz und Pfeffer abschmecken, gehackten Dill und Petersilie dazugeben und mit Buttercroutons garnieren.

Kartoffeln rund schälen, kochen, dann mit zerlassener und geklarter Butter begießen und mit fein gehackter Petersilie bestreuen.

Den Hecht vom Händler ausnehmen und schuppen lassen. Je nach Größe ganz lassen oder in Scheiben schneiden. Wasser in den Kessel füllen, damit der Fisch gut bedeckt ist. Zitrone mit Schale, Dill- und Petersilienstiele, Lorbeerblatt, Pfefferkörner und Salz dem Sudwasser zugeben. Den Hecht ins vorgeheizte Wasser geben und ziehen, nicht kochen lassen. Ist der Fisch gargezogen, vorsichtig auf eine vorgewärmte Servierplatte heben.

Die Schmorgurken und die Petersilienkartoffeln in vorgewärmten Servierschüsseln reichen.

MÄRKISCHER RÄUCHERAAL
Schechter's Hof, Seite 44

ZUTATEN FÜR 4 PERSONEN
800 g Räucheraal, 100 g Krebsschwänze, ca. 500 g Pellkartoffeln vom Vortag (festkochend), 1 Zwiebel, 2 EL Butterschmalz, 80 g Speckwürfel, Salz, Pfeffer, 2 EL gehackte Petersilie, 4 Gewürzgurken

ZUBEREITUNG
Zwiebel klein würfeln. 1 El Butterschmalz in einer Pfanne erhitzen, Speckwürfel darin kurz anbraten, Zwiebel zugeben und glasig dünsten. Beides aus der Pfanne nehmen. Kartoffeln pellen und in 5 mm dicke Scheiben schneiden. 1 EL Butterschmalz in einer Gusspfanne erhitzen und die Kartoffeln bei mittlerer Hitze knusprig braten. Mit Salz und Pfeffer abschmecken.

Räucheraalfilets enthäuten und in 12 gleich große Stücke schneiden. In einer Pfanne mit 1 EL Butterschmalz braten. 4 Gewürzgurken in Fächer schneiden. Warme Aalfiletstücke aus der Pfanne nehmen. Die Krebsschwänze mit aufgeschlagenen Eiern unter die Bratkartoffeln heben und so lange braten, bis die Eier fest sind.

Die Bratkartoffeln auf Tellern anrichten, Aalfilets darübergeben und mit den Gewürzgurken und frischem Salat garnieren.

Zwei von Potsdams vielen Attraktionen: Schloss Sanssouci und das Holländische Viertel (r.)

POTSDAM
MÄRKISCHE PERLE VOR BERLIN

Zwölf Schlösser und stilvolle Parklandschaften prägen das Gesamtkunstwerk

Das ganze Eyland muss ein Paradies werden." So sprach Johann Moritz von Nassau-Siegen zu seinem Freund Friedrich Wilhelm dereinst 1664, als der große Kurfürst die kleine Inselstadt Potsdam gleich neben Berlin zu seiner zweiten Residenzstadt erkor. Fortan gestalteten berühmte Baumeister wie Georg Wenzeslaus von Knobelsdorff und Friedrich Schinkel sowie bedeutende Landschaftsarchitekten und Gartenkünstler wie Peter Joseph Lenné und Johan August Eyserbeck das „irdische Paradies" im Auftrag ihrer Monarchen. Potsdam entstand, ähnlich wie Versailles und Sankt Petersburg, vor allem aus einer Idee. An der die Hohenzollern jedoch über 250 Jahre lang arbeiten sollten. Jeder der Herrscher setzte dabei seinen eigenen Farbtupfer. Sie schufen mit zwölf Schlössern und den stilvoll angelegten Parklandschaften ein Gesamtkunstwerk architektonischer und gärtnerischer Vielfalt, das sich harmonisch in die Seenlandschaft der Havel einfügt. Noch heute prägt dies die reizvolle Kulturlandschaft Potsdams. Sie ist die märkische Perle neben der Metropole Berlin.

Die prominenteste Sehenswürdigkeit Potsdams ist zweifellos das Schloss Sanssouci im gleichnamigen Park. Friedrich dem Großen, liebevoll der „Alte Fritz" genannt, der es auf einem Weinberg errichten ließ, diente es alsbald als Sommerfrische und Lustschloss. Heute ist es nicht nur Wahrzeichen der Stadt, sondern gehört auch zu den schönsten Sehenswürdigkeiten Deutschlands. Sein Schloss „ohne Sorgen" ließ der kreative Alte übrigens nach eigenen Skizzen errichten. Ebenso wie das wesentlich größere und gleichsam prächtige Neue Palais, welches nun wieder zu besichtigen ist.

Mit diesen bedeutenden Bauwerken und den kunstvollen Parkanlagen Sanssouci, Neuer Garten und Babelsberg sowie der Sacrower Heilandskirche wurden im Jahr 1990 weite Teile Potsdams zum UNESCO-Weltkulturerbe erklärt.

Viele Besucher sind erstaunt, dass Potsdam von so viel Wasser umgeben ist. Fast unumgänglich ist daher eine Tour mit der Weißen Flotte über die Havelseen – vorbei am Schloss Babelsberg, unter der berühmten Glienicker Brücke hindurch bis zur Sacrower Heilandskirche oder bis zur Berliner Pfaueninsel.

An Land zurückgekehrt sollte ein Spaziergang durch die historische Innenstadt nicht fehlen. Das vielfältige Stadtbild lässt sich so am besten erkunden. Die drei Stadttore, die prachtvollen Bürgerhäuser und Kirchen, die zahlreichen Straßenzüge mit Geschäften, Cafés und Restaurants bilden ein stimmungsvolles Ensemble.

Besonders eindrucksvoll: das Holländische Viertel. Das fein sanierte Wohn- und Lebens-Quartier mit seinen 135 roten Backsteinhäusern ist das größte Bau-Ensemble im holländischen Stil außerhalb der Niederlande. Der Vater des Alten Fritz, König Friedrich Wilhelm I., ließ es als Heimstatt für holländische Handwerker erbauen. Nur wenige Gehminuten von hier entfernt hat man kulturhistorisch Tausende von Kilometer zurückgelegt. In die russische Kolonie Alexandrowka, die auf Wunsch Friedrich Wilhelm III. zum Gedenken an seinen verstorbenen Freund Zar Alexander I. erbaut wurde. Das Kunstdorf, das allerdings nichts mit Potemkin gemein hat, besteht aus zwölf wunderbar großzügigen Gehöften und der 1829 erbauten und nun wieder eröffneten russisch-orthodoxen Kapelle auf dem nördlich anschließenden Kapellenberg.

Gemeinsam mit dem einstigen böhmischen Weberviertel, einem Wohnensemble romantischer Weberhäuschen und Straßennamen wie Tuchmacher-, Garn- und Spindelstraße, die auf Wunsch Friedrich II. seit 1750 im heutigen Babelsberg entstand, verleihen diese historischen Quartiere Potsdam das Flair einer europäisch geprägten Stadt.

Auch Potsdams Kulturangebot bewegt sich munter zwischen Barock und Moderne. Der kultigste Kulturstandort der Landeshauptstadt ist sicher die Schiffbauergasse. Mit dem Hans-Otto-Theater, dem Zentrum der internationalen Tanzszene „fabrik" und dem Museum „Fluxus+" sowie weiteren interessanten Angeboten der freien Kulturszene gibt es hier das ganze Jahr über ein volles Programm. Die „Potsdamer Tanztage" im Mai, die stets im Juni stattfindenden „Musikfestspiele Potsdam Sanssouci", die „Potsdamer Schlössernacht", zu der es im August Tausende Besucher in den festlich illuminierten Park Sanssouci zieht, die „Bachtage" im September und die „Potsdamer Winteroper" im November bilden die alljährlichen Höhepunkte im Veranstaltungskalender der Landeshauptstadt. Weitere Besuchermagnete sind jedes Jahr das traditionelle Tulpenfest sowie die Potsdamer Erlebnisnacht, an der sich die gesamte Innenstadt beteiligt.

Und natürlich ist ein Besuch „um die Ecke", in Babelsberg, sehr empfohlen. Hier wird seit fast 100 Jahren Potsdamer Filmgeschichte geschrieben. Filmfans können im Filmpark Babelsberg oder im Filmmuseum Potsdam voll in die Welt von Film und Fernsehen eintauchen.

Historische Innenstadt, Thriumphbögen und moderne Gebäude wie das Hans-Otto-Theater (l.) schaffen reizvolle Vielfalt

WEINE, BRÄNDE UND FEINE KOST

André Zibolskys Herz gehört dem Apfelschaumwein

Es gibt Momente im Leben in denen sich neue Wege auftun. Für André Zibolsky waren es die alten knorrigen Apfelbäume hinter dem Haus, deren Äpfel kein Mensch mehr ernten wollte. Er pflückte dieses vergessene Obst mit seiner Frau Monika Lange und ließ es mosten. Hatte er doch schon eine Idee davon, was hier entstehen könnte. Er füllte den frischen Most in Flaschen und wartete. Eine höchst explosive Geschäftsidee, wie sich bald herausstellen sollte. Viele der Flaschen gaben dem Druck des Gärprozesses nach. Doch selbst nach- oder gar aufgeben kam nicht in Frage. André Zibolsky experimentierte und verstand immer mehr. Schwere Sektflaschen umschlossen fortan den explosiven und exklusiven jungen Wein und ermöglichten eine Flaschengärung, die der „Méthode champenoise" nachempfunden ist. Und so entstand er, der leichtspritzige Apfelschaumwein, der seinen Namen nach dem entfesselnden Zischen beim Einschenken erhalten sollte – Rausch!

Der mittlerweile aus Fläminger Bio-Äpfeln hergestellte Jahrgangs-Apfelschäumer, der übrigens ohne jegliche Zusätze wie Schwefel, Hefe oder Zucker auskommt, hatte bald viele Fans und ergänzt seither das feine Sortiment der Weinhandlung „in vino".

Der charmante Weinhändler verfügt über ein übersichtliches, jedoch edles Angebot. Französische, italienische und deutsche Weine aus insgesamt 30 Regionen hält er für seine Kunden bereit. Vor nunmehr 20 Jahren hat sich André Zibolsky dem „Wein erlesen" verschrieben. Er weiß, gute Winzer müssen viel leisten: „Ihre Wahrheit liegt einzig im Glas." Bei deren Auswahl bevorzugt er besonders den biodynamischen Anbau der edlen Reben. Die nachhaltige Bewirtschaftung des „Erd-Reiches" liegt ihm sehr am Herzen. Denn letztlich gibt die Natur den Geschmack vor. So wie beim „Rausch". Seine Geschmacksnoten variieren von Jahrgang zu Jahrgang nach Sorten und Ernte. Eines jedoch ist immer gleich: Seine Anhänger sind jedes Jahr erneut im Rausch-Kauf!

IN VINO
WEINE BRÄNDE FEINE KOST
André Zibolsky
Dortustraße 61, 14467 Potsdam
Telefon 03 31 / 2 80 05 01
mail@in-vino-potsdam.de
www.in-vino-potsdam.de

KULINARISCHE ENTDECKUNGEN

KLEINE, FEINE KÜCHE
Leckere Crossover-Gerichte im Wein-Bistro

Die konzessionierte Vollküche des Wein-Bistro Lewy ist mit gerade mal acht Quadratmetern nicht wirklich groß. Und doch zaubert Jens Lindner darin seit nunmehr elf Jahren frische Köstlichkeiten, die nach weitaus mehr Größe schmecken.

Der Südtirol-Fan kocht „Crossover", so lässt er deutsche, italienische und französische Einflüsse deliziös miteinander verschmelzen. Seine Südtiroler Zutaten, vom Schinkenspeck über Bergkäse bis zu ausgesuchten Weinen, ersteht er auf seinen Besuchen in der Alpenregion meist selbst. „Ich bin neugierig und verkoste gern für meine Gäste." Doch neben den Köstlichkeiten aus dem Süden verwendet er auch eine Vielzahl von Produkten, die aus Brandenburg oder Mecklenburg Vorpommern stammen. Seine Küchenkräuter pflückt der begeisterte „Créateur de Cuisine" beispielsweise auf dem historischen Winzerberg gleich um die Ecke. Dort wachsen, in größter Eintracht mit der ungezähmten Natur, Brennnessel, Löwenzahn und die dekorativen frischen Blüten unberührt heran. Seine „kleine" Küche schmeckt so stets frisch und irgendwie anders.

Die Geschichte des Hauses in der Dortustraße im Herzen von Potsdam ist eine wechselvolle. Die heutigen Räumlichkeiten waren erst Lagerstätte einer benachbarten Buchhandlung. Ab 1992 wurde hier Wein angeboten. Als Jens Lindner das Ladenlokal im Jahre 2001 übernahm, stieß er bei Recherchen auf einen jüdischen Rechtsanwalt, dem das Haus bis in die 1930er-Jahre hinein gehört hatte. Dieser Rechtsanwalt war schließlich Namensgeber des heutigen Wein-Bistro: Lewy.

Auf die Anfangszeit angesprochen, lächelt Jens Lindner: „Als ich hier vor elf Jahren anfing, war ich in der Straße der Erste." Heute gehören die Dortustraße und die benachbarte Brandenburger Straße zu den belebtesten und beliebtesten Flaniermeilen Potsdams. Im Sommer sind die Tische vor dem Haus sehr begehrt. Im Winter wird es im Bistro kuschelig. Das Lewy – stets einen Besuch wert!

LEWY WEIN-BISTRO
Jens Lindner
Dortustraße 17 14467 Potsdam
Telefon 03 31 / 2 00 88 02
info@lewy-potsdam.de
www.lewy-potsdam.de

Beelitzer Spargel mit Südtiroler Schinkenspeck, gratiniert mit Bergkäse, Brennesselgnocchi, karamellisierte Kirschtomaten und Bozener Sauce
Das Rezept finden Sie auf Seite 64

PLATTFISCH UND MEHR

Wer frischen Fisch mag, ist bei Familie Wendland richtig

Vorspeisenteller für zwei
Das Rezept finden Sie auf Seite 64

Der Name allein ist königlich. Der Butt. Eigentlich ein Plattfisch, war es auch die im Familienkreis gewählte selbstironische Bezeichnung König Friedrich Wilhelms IV. Der „Romantiker auf dem Thron" bezog sich mit diesem Spitznamen auf seine wohlbeleibte Statur und seinen allzu kurzen Hals. Friedrich Wilhelm IV. starb im Schloss Sanssouci im Jahre 1861. Und doch: Der Butt lebt. In Form eines der besten Fischrestaurants Deutschlands. Und das in der Gutenbergstraße 25 in Potsdams Innenstadt.

Vor gut 370 Jahren wurde an dieser Stelle ein Gebäude errichtet. Im Jahre 1842 öffnete darin eine Schankwirtschaft. An diese Tradition knüpfte Familie Wendland im Jahre 2001 engagiert an. In dem liebevoll sanierten Eckhaus sollte wieder Gastronomie geboten werden. Doch sie wollten anders sein. Besonders. Ihrer Leidenschaft für guten Fisch folgend, eröffneten sie ein Fischrestaurant – was zu Anfang recht gewagt erschien. „Wir haben viel mit Augen und Ohren gesammelt, um unseren Stil zu finden", erinnert sich Kerstin Wendland, und der ist heute konkurrenzlos. Eine so große Auswahl an frischen Fisch bekommt man in Potsdam gerade hier, im Butt. Küchenchef Alexander Wendland setzt auf ausgesuchte Lieferanten. Regional allen voran Mario Weber, dem einzigen Fischer direkt in Potsdam. Von ihm bezieht der Butt fangfrischen Zander, Aal, Barsch und Karpfen. Je nach Angebot, Fangmenge und Schonzeit. Seefische kommen hauptsächlich und fangfrisch von Ostseefischern aus Sassnitz.

Spezialität des Fischliebhabers Wendland ist sein Fischteller Der Butt, eine Komposition mit Filets von Goldbutt, Heilbutt und Knurrhahn. Darüber hinaus ist die hauseigene Bouillabaisse die wohl beste der Region. „Wir haben zu 90 Prozent Stammgäste" freuen sich die Eheleute Wendland. Das liegt am leckeren Frischfisch, am gut sortierten Weinkeller und an der kleinen und feinen, ja fast privat wirkenden Wohnzimmeratmosphäre des sehr empfehlenswerten Fischrestaurants Der Butt.

DER BUTT
Kerstin und Alexander Wendland
Gutenbergstraße 25, 14467 Potsdam
Telefon 03 31 / 2 00 60 66
www.der-butt.de

IN BESTER NACHBARSCHAFT
Restaurant mit lichtdurchflutetem Palmengarten

Die Lage ist wahrlich exponiert. Berühmte Nachbarn in Sichtweite: die historische Mühle von 1739 und das Schloss Sanssouci. Residierte der Alte Fritz noch heute auf seinem Lustschloss, so hätte er es zum Mittagsmahl wahrlich nicht weit in das Restaurant Zur Historischen Mühle. Und er würde, anders als vor über 250 Jahren, als er oft in Berlin zu bestem Mittagstische saß, seine Leibspeisen hier direkt à la carte bestellen können. Denn die Rubrik „Gerichte aus der Küche des Alten Fritz" ist die Spezialität des beliebten Restaurants unweit von Schloss und Mühle. Ob Klöße vom Kalbfleisch mit Champignon, kräftige Rinderbouillon mit Flusskrebsen und Lauch oder Rindfleisch à la Braise, hier kommen die Originalrezepte – mit modernem Touch versehen – zum Einsatz.

Pascal Grigull, Küchenchef seines Zeichens, ist stolz auf diese besondere Ausrichtung. Die alten Rezepte sind ihm Verpflichtung: In seiner Küche wird heute, wie damals gar nicht anders möglich, alles frisch und selbst hergestellt. Von mediterraner Pasta, asiatischen Wok-Gerichten über das Zürcher Geschnetzelte bis zum beliebten Mövenpick-Klassiker, dem Beefsteak-Tatar.

Und so findet jeder, ob im Restaurant, im lichtdurchfluteten Palmengarten, auf der großen Terrasse oder im gemütlichen Biergarten unter den alten Bäumen, zu jeder Tageszeit die passenden Speisen. Abends wird dem geneigten Gast eine sehr ansprechende und im Preis-Leistungs-Verhältnis unschlagbare Menükarte gereicht.

Das edle Erscheinungsbild des denkmalgeschützten Hauses Zur Historischen Mühle ist übrigens echt und in originalem Zustand. Der letzte Deutsche Kaiser, Wilhelm II., ließ das Haus 1908 in diesem Stil errichten.

Rindfleisch à la Braise
Das Rezept finden Sie auf Seite 65

ZUR HISTORISCHEN MÜHLE
Thomas Prange
*Zur historischen Mühle 2, 14469 Potsdam
Telefon 03 31 / 28 14 93
restaurant.potsdam-sanssouci@moevenpick.com
www.moevenpick-restaurants.com*

REZEPTE

Beelitzer Spargel mit Südtiroler Schinkenspeck vom Lewy Wein-Bistro (l.), Vorspeisenteller vom Restaurant Der Butt

BEELITZER SPARGEL MIT SÜDTIROLER SCHINKENSPECK, GRATINIERT MIT BERGKÄSE, BRENNESSEL-GNOCCHI, KARAMELLI-SIERTE KIRSCHTOMATEN UND BOZENER SAUCE

Lewy Wein-Bistro, Seite 58

ZUTATEN FÜR 4 PERSONEN
800 g geschälter Spargel (16 Stangen), 4 dünn geschnittene Scheiben Südtiroler Schinkenspeck, geriebener Bergkäse, Butter

Bozener Sauce:
4 Eier, 4 EL Rapsöl, 2 EL Estragonöl, 1 EL Weißweinessig, 60 g Sahne (leicht aufgeschlagen), 1 EL gehackte glatte Petersilie, 1 EL gehackte Kapern, 1 EL gehackter Kerbel, 1 EL Dijonsenf (fein), 1 EL Kapernwasser, ½ Zwiebel, fein gewürfelt, Salz, Zucker, Pfeffer

Brennnesselgnocchi:
1 kg mehligkochende Kartoffeln, ca. 200 g Mehl, 2 Eier, 80 g Butter 250 g junge Brennnessel, Salz, 8 Kirschtomaten

ZUBEREITUNG
Den Backofen auf 130° C vorheizen. Aus Spargelabschnitten, -schalen, Wasser, Salz, Zucker, Butter und Zitronensaft einen Sud kochen (ca. 15 Minuten), abseihen, Spargelstangen im Sud ca. 8 Minuten bei mittlerer Hitze kochen. Sofort je 4 Stangen mit einer Scheibe Schinkenspeck zu Päckchen rollen, mit flüssiger Butter einstreichen, Bergkäse darauf verteilen, unter dem Grill goldbraun gratinieren.

Bozener Sauce: Eier hart kochen, Eiweiß fein hacken, Eigelb durch ein Sieb streichen. Alle Zutaten miteinander verrühren, Sahne unterheben. Mit Salz, Pfeffer, Zucker abschmecken.

Brennnesselgnocchi: Kartoffeln mit Schale kochen, schälen, durch Presse drücken. Brennnessel waschen, blanchieren, gut ausdrücken, sehr fein hacken. Butter zerlassen, mit Eiern, Mehl und Brennnesseln zu den Kartoffeln geben. Geschmeidigen Teig kneten, mit Salz und geriebener Muskatnuss abschmecken. Teig zu ca. 2 cm starken Rollen formen, in 2 cm lange Abschnitte teilen. Gnocchi in Salzwasser kurz garen bis sie an die Oberfläche steigen. Mit Schaumkelle herausheben, abtropfen lassen. In der Pfanne in leicht gebräunter Butter schwenken.

Kirschtomaten: Tomaten mit Stielansatz vom Zweig schneiden, an der Blüte kreuzweise leicht einschneiden. 30 Sekunden blanchieren, in Eiswasser abschrecken, trocken tupfen. Aufgesprungene Schale vorsichtig über den Stielansatz ziehen. Tomaten in Olivenöl tauchen, mit Puderzucker bestäuben. Auf Pergamentpapier im Ofen 30 Minuten backen. Nochmals bestäuben, weitere 30 Minuten backen. Mit Fleur de Sel servieren.

VORSPEISENTELLER FÜR ZWEI

Der Butt, Seite 60

Mit orangengebeiztem Lachs, Filet vom geräucherten Havelaal, Nordseekrabben, Matjeshäckerle sowie gegrillte Großgarnelen, Jakobsmuscheln und neuseeländischen Grünschalmuscheln auf frischem Lollo Rosso, Rucola, mit Pesto und Oliven angerichtet, dazu etwas Schmand mit Forellenkaviar

ZUTATEN FÜR 4 PERSONEN
Matjeshäckerle:
400 g mild gesalzenes Matjesfilet, 1 mittelgroße Zwiebel, 4 Stück Gewürzgurke, 1 süßer Apfel (z. B. Gala), frisch gemahlener Pfeffer, etwas Rapsöl, 1 Bd. Dill, 1 Bd. Petersilie, 1 rote Zwiebel, 8 Scheiben Bio-Vollkornbrot, etwas Butter

ZUBEREITUNG
Matjes, Apfel, Gewürzgurke und die Kräuter jeweils einzeln fein hacken und in eine Schüssel geben. Die Zwiebel fein würfeln und bei leichter Hitze mit dem Öl glasig schwitzen und zu den übrigen Zutaten geben. Mit reichlich Pfeffer aus der Mühle würzen und alles

Rindfleisch à la Braise, Zur historischen Mühle. Bevorzugte Zutaten: Frische Fische aus der Region

gut vermengen. Abgedeckt mindestens 2 Stunden im Kühlschrank ziehen lassen.

Im Restaurant Der Butt wird dieses Gericht mit Bio-Vollkornbrot und roten Zwiebelringen als Vorspeise serviert. Es passt aber auch sehr gut zu jungen Pellkartoffeln und frischen Blattsalaten

RINDFLEISCH A LA BRAISE
Zur historischen Mühle, Seite 62

ZUTATEN FÜR 4 PERSONEN
1 kg Rindfleisch (Tafelspitz oder Unterschale), 400 g Röhrenknochen vom Rind (mit Mark), 100 g Schinkenschwarte, 200 ml Weißwein, 300 g Suppengrün (Sellerie, Karotte, Lauch), 150 g Zwiebel (halbiert und geröstet), Salz, schwarzer Pfeffer, Lorbeer, Piment, Liebstöckelblätter, 200 g Karotten, 200 g Rübchen (Teltower Rübchen, Gatower Kugeln oder Kohlrübe), 600 g Kartoffeln, 50 g Meerrettichstange frisch, Petersilie

ZUBEREITUNG
Die Rinderknochen mit kalten Wasser ansetzen, erhitzen und nach und nach Eiweiß abschäumen. Dann das Rindfleisch und die Schwarte dazugeben und bei leichter Hitze simmern lassen, dabei immer wieder Eiweiß abschäumen.

Nach 90 Minuten das Wurzelgemüse und die angerösteten Zwiebelhälften zugeben, mit dem Weißwein zwischendurch die reduzierte Brühe wieder auffüllen.

Nach weiteren 60 Minuten die Gewürze zugeben und bei niedriger Hitze 45 Minuten weitergaren lassen, mit einer Fleischgabel prüfen, ob das Fleisch zart ist.

Nun die Karotten und Rübchen schneiden, blanchieren, die Kartoffeln pellen und der Länge nach vierteln.

Das Fleisch in Scheiben schneiden, in tiefen Tellern anrichten, mit passierter Brühe auffüllen. Das Gemüse und die Kartoffeln in einer großen Pfanne in Butter anschwenken und dekorativ auf das Fleisch geben, Meerrettich frisch darüberreiben, mit Petersilie garnieren.

UNTER DAMPF
BRANDENBURG KOCHT AUF

Eine Köchevereinigung will Brandenburg kulinarisch weiter nach vorne bringen

Brandenburg kocht, Brandenburg brodelt, Brandenburg steht unter Dampf. Denn neun Spitzenköche und eine Spitzenköchin mit heißem Herz und heißem Herd haben sich zusammengefunden, um das Kulinarische im Land nach vorn zu bringen. Unter dem Siegel „Brandenburg unter Dampf" bündeln sie Kreativität und Kompetenz und bürgen mit diesem Netzwerk und einer umfangreichen Genuss-Charta für hochwertige und vielfältige Gaumenfreuden.

„Wir haben jeder unseren eigenen Stil, aber gemeinsam für Brandenburg kochen bedeutet für uns, mit Spaß und Freude unsere kulinarische Kompetenz zu präsentieren", so René Jahnke vom Restaurant Märkische Stuben im Hotel Residenz am Motzener See.

Die „guten Geister der Brandenburger Küche" wahren die lukullischen Traditionen der Mark und kochen bevorzugt mit Produkten aus der Region. Frische ist dabei Trumpf, verlässliche Reinheits- und Qualitätsstandards selbstredend. Doch neben diesem gastronomischen Selbstverständnis will die Riege der teilweise mehrfach ausgezeichneten Spitzenköche auch den Wirtschaftsstandort Brandenburg „unter Dampf" halten. „Wir sind mit unserer Heimat verwurzelt und wollen die Landkreise in Sachen Arbeitsplätze und touristische Entwicklung voranbringen", so Frank Schreiber vom Goldenen Hahn in Finsterwalde. Das bedeutet natürlich auch die stete Erweiterung der Vereinigung. „Jeder ist willkommen, der unsere Genuss-Charta lebt und umsetzt", freuen sich die Küchenchefs auf neuen Zulauf. Gemeinsam engagieren sich die Köche zudem für die Aus- und Weiterbildung des Nachwuchses in Küche, Restaurants und Hotels. „Gästenachwuchs fängt für uns bei Kindern an, die zwischen frisch gekocht und Fastfood unterscheiden können", weiß Dieter Kobusch vom Vierseithof in Luckenwalde.

Die aktuelle Mitgliederschaft von „Brandenburg unter Dampf" bringt im Übrigen einen Michelin-Stern, 75 Punkte im Gault Millau und 7 F von der Genusszeitschrift „Der Feinschmecker" auf die Gesamtwaage. Der alljährlich vergebene Titel „Brandenburger Meisterkoch" ist seit 2005 (mit Ausnahme des Jahres 2011) fest in ihren weißgestärkten Reihen etabliert.

Schwer unter Dampf:
Köche der Vereinigung in Aktion

KULINARISCHE ENTDECKUNGEN

ULRIKE LAUN: Kürbis und mehr

Am Anfang war der Samen. Kürbissamen, aus Kanada mitgebracht. Der benachbarte Bauer in Körzin sollte etwas davon säen. Er brachte alles aufs Feld. Und das Feld brachte alles zurück. Kürbis bis unters Dach. Ulrike Laun fing an, ihn zu verarbeiten. Pesto, Brot, Kuchen – und stellte einen kleinen runden Tisch, einen grünen Schirm und einen Leiterwagen mit den selbst gemachten Produkten vor ihr Haus. Körzin wurde zum Geheimtipp. Immer mehr kamen und kauften. Immer mehr Kürbisprodukte entstanden: Chutneys, Kürbis asiatisch, Pizza und Suppe mit Kürbis. Bald wollten die Besucher vor Ort essen. Also Stühle zum kleinen runden Tisch. Die Landlust Körzin wuchs und wuchs. Ulrike Launs Anspruch: eine qualitativ hochwertige Verarbeitung „von dem, was hier wächst". Die wöchentlich wechselnde Speisekarte ist regional-saisonal bestimmt. In ihrem liebevoll-restaurierten, typisch märkischen Landhaus mit dem fantastischen Blick auf die umliegende Mark ist Ulrike Laun jeden Tag dankbar für ihre ganz persönliche „Kürbis-Geschichte".

ALEXANDER DRESSEL: Alles noch runder

Das Bayrische Haus, im idyllischen Wildpark gelegen, ist Zeugnis der großen Liebe zwischen dem preußischen König Friedrich Wilhelm IV. und Elisabeth von Bayern. Auch heute ist das romantische Haus von Liebe erfüllt. Alexander Dressel liebt es, hier Gastgeber zu sein. In seinem Gourmet-Restaurant Friedrich Wilhelm bringt er seine südeuropäisch geprägten Erfahrungen auf den Tisch. Seine langjährigen Aufenthalte in Italien, der Schweiz und Österreich sowie seine Anfänge im Schwarzwald bestimmen den Stil seiner erlesenen Karte. Er interpretiert die deutsche Küche auf frische Art mit regionalen Produkten und feinen italienischen Nuancen. Neue Produkte und Erzeuger entdecken oder vorhandene Produkte neu miteinander zu kombinieren, sind dem mit einem Michelin-Stern ausgezeichneten Meisterkoch stetig neues Anliegen und Inspiration. „Alles noch runder machen", nennt er das. Schärfste Kritikerin von Alexander Dressel ist übrigens seine kleine Tochter. Sie wird später mal drei Michelin-Sterne erkochen, sagt sie!

STEPHAN MALOTKI: Kulinarischer Grenzgänger

Stephan Malotki kocht im DämeritzSeehotel quasi auf der anderen Seite von Brandenburg. In Berlin. Allerdings nur wenige hundert Meter. Nach Brandenburg ist er gut vernetzt. Wenn beispielsweise sein Fischer aus dem nahen Brandenburger Löcknitz anruft, klingt das so: „Ich hab Zander in deiner Größe!" Individueller geht es kaum. Stephan Malotki kocht ehrlich und schnörkellos. Frischer Fisch auf der Karte ist dem gebürtigen Rostocker wichtig, Klassiker wie ein Rinderfilet Wellington oder Strindberg sind seine heimliche Leidenschaft. Hier kann er seinen Auszubildenden zeigen, wie klassische Küche geht. Mit besonderer Kreativität und Freude stellt er besondere Menüs zusammen. An was denkt man, wenn zu lesen ist: Ingwer-Spitzkraut-Cremesüppchen und Totentrompeten-Knödel für den besonderen Biss, Kalbsnacken, mit Knoblauch geschmort, unterirdisches Gemüse und Batatepüree und als Dessert Scheiterhaufen und die Toten Augen an Granatapfelsorbet? Na klar! Hier findet regelmäßig ein Dracula-Dinner statt!

STEFAN VON HEINE: Meisterkoch von der Küste

Es ist sicher immer gut, wenn der Direktor eines Unternehmens fachkundig ist. In allen Bereichen. In einem Hotel mit großer, gastronomischer Vielfalt kann das exzellente Beherrschen der Kochkunst sehr hilfreich sein. Im Dorint Hotel Sanssouci ist Stefan von Heine seit 2010 Direktor. Vor nicht allzu langer Zeit gehörte er zur Riege der besten Köche in Mecklenburg-Vorpommern. Diese Erfahrungen, gesammelt im Dorint Hotel Park Ambiance in Sellin auf Rügen, kommen ihm nun in Potsdam zugute. Seine Idee von einer modern „aufgepeppten", regional beeinflussten Küche findet sich in den unterschiedlichen Bereichen des Hauses wieder. So im Restaurant Le Bistro, das mit französischer Karte aufwartet. In der Kneipe Fritz geht's „bierlastig" zu. Der Spa-Bereich hält gesunde, fettarme und vegetarische Kost bereit. Und in Jimmy's L.A. Bar findet der internationale Gast unter anderem das Club-Sandwich. Den berühmten Klassiker. In bester Brandenburger Qualität. Wie alles, was Stefan von Heine verantwortet!

FRANK SCHREIBER: Koch-Kunst kommt von Können

Formvollendet arrangiert und kombiniert der Maître, setzt gekonnt Farbakzente und krönt das Werk mit der Verwendung unverfälschter Produkte aus der Region. Jedes seiner Gerichte ist ein wahres Gemälde. Seine Küche im Goldenen Hahn nennt er liebevoll Atelier, und wer in den Genuss seiner Kreationen kommt, kann sich ganz sicher sein: Koch-Kunst kommt hier von Können. In dritter Generation führt Frank Schreiber mit seiner Familie „den Hahn", serviert in dem Traditionshaus die „Neue Lausitzer Küche". Internationale Erfahrungen sammelte er in den Küchen der Welt. „Kochen ist meine Passion – ich möchte mit meinen Kreationen die Seele meiner Gäste streicheln." Seine Begeisterung gibt er auch an seine beiden Kinder weiter, wenn er ihnen verschiedene Wildkräuterarten erklärt und sie zum Beispiel seine erstklassige Gänsestopfleber oder den frischen Hummer probieren lässt. Hier reift womöglich die vierte, vielversprechende Generation des „Hahn" heran.

PETER KRÜGER: Spiel mit Aromen

Was ist das Ergebnis, wenn man brennende Leidenschaft und einen großen Erfahrungsschatz mit ausgesuchten Zutaten multipliziert? Richtig: 14 Punkte im Gault Millau. Und der Titel „Brandenburger Meisterkoch 2010". Peter Krüger war über diese Erfolge selbst überrascht. Er hatte schlicht nicht damit gerechnet, einer der Besten in Brandenburg zu sein. Diese und alle weiteren Auszeichnungen sind ihm nun Ansporn, noch besser zu werden: „Jeden Tag gebe ich 120 Prozent." Die Freude der Gäste ist ihm Motivation. Seine Klostermühlenküche beschreibt er als handwerklich ehrlich. Mit der Ausrichtung der Speisen, „schicken wir unsere Gäste quer durch die Welt". Die Zutaten allerdings sind so weit wie möglich regional beheimatet. Peter Krüger liebt das Spiel mit Aromen und Zutaten. Und mit Eis, seiner Passion. Schon mal Senfeis an einer Torte vom Schlei probiert? Peter Krüger kreiert das im Gut Klostermühle in Alt Madlitz.

KULINARISCHE ENTDECKUNGEN

RENÉ JAHNKE: Küche mit Seeblick

Der Kreis hat sich geschlossen. Und das schon im Alter von 29 Jahren. René Jahnke ist an den Ort des Anfangs zurückgekehrt und zwar ins Hotel Residenz am Motzener See. In seine „Küche mit dem wunderbaren Blick auf den See". Seine Karriere begann genau hier. Mit einem Schülerpraktikum am Herd, das dann in eine Kochlehre mündete. René Jahnke zog es schon als Kind zu diesem Beruf, der doch mehr Berufung für ihn ist. Nach der Ausbildung wanderte er: nach Hamburg auf den Süllberg zu Sternekoch Karl-Heinz Hauser, dann nach St. Moritz ins Kempinski Grand Hotel und ins Restaurant Stüvas, einem Michelin-Sterne-Tempel. Nun ist er wieder da. In Motzen. Mit all seinen Erfahrungen und seiner Kreativität. Seine Philosophie: klassische Küche unter bestmöglicher Wahrung des Eigengeschmacks der Produkte. Dabei entstehen regional geprägte Menüs, die sich geschmacklich auf höchstem Niveau bewegen. So ist es dem Küchenchef gelungen, im Jahr 2012 für den Titel Brandenburger Meisterkoch nominiert zu werden.

RENÉ DONAT: Besonderheit ist das „Hakengeld"

Während seiner Ausbildung zum Koch im Hotel Branitz in Cottbus (heute Parkhotel Branitz & Spa) gewann René Donat den Wanderpokal des Vereins der Köche in Cottbus und belegte bei den Jugendmeisterschaften Brandenburgs den zweiten Platz. Nach seiner Ausbildung blieb er zunächst in Cottbus, unter anderem als Souschef im Holiday Inn. 1999 wechselte der damals 25-Jährige nach Berlin, um in Szenerestaurants wie dem Sodaclub als Souschef oder dem Restaurant Nosh als Küchenchef seine Vorlieben für die mediterrane Küche mit asiatischem Einflüssen zu kombinieren. Den Posten als Küchenchef in der SeeLodge übernahm er 2010 und begeistert seither seine Gäste mit Gerichten, die sich durch intensive Aromen und erlesene Zutaten auszeichnen. Im bewährten SeeLodge-Stil kocht er traditionelle, regionale Gerichte und verbindet sie mit Rezepten aus der ganzen Welt zu einmaligen Kreationen. Highlight: Die selbst gefangenen Fische der Gäste werden gegen ein kleines Entgelt, das „Hakengeld", vom Chefkoch zubereitet.

STEFFEN SPECKER: Feine Feinspeckerküche

Nach einer intensiven „Berufs-Ehe" mit Sternekoch Karl-Heinz Hauser im Hotel Adlon und auf dem Süllberg in Hamburg, zog es Steffen Specker 2003 nach Potsdam. Der Liebe wegen. Tina Specker lockte ihn in Speckers Ratswaage. Der Beginn einer erfolgreichen Teamarbeit, denn mit dem heutigen Speckers Landhaus, erfüllten sich Gottfried Specker, Tochter Tina und mittlerweile Schwiegersohn Steffen einen langgehegten Traum: ein legeres Restaurant für die ganze Familie zu schaffen, dass auch den anspruchsvollen Feinschmecker anspricht. Die heutige Speckersche Landhausküche stellt sich klassisch wie modern dar. „Wir sind flexibel und unkompliziert und haben großen Spaß am Gast", so Steffen Specker. „Gutes Essen entsteht hier mit Liebe, mit frischen Produkten und auf möglichst einfache Weise." Dabei wird allerdings mit Texturen gearbeitet, die pfiffig und interessant sind. „Anders als das Normale", nennt Steffen Specker diese Kompositionen und weiß, die Erwartungen der Gäste sind hoch.

DIETER KOBUSCH: Ostwestfale in Brandenburg

Dieter Kobusch ist ein alter Hase. Trotz seiner Jugendlichkeit. Stand er doch schon als Kind an der Seite seiner Oma am Herd und kochte und lernte. Später sammelte er später wertvolle Erfahrungen in zahlreichen hochrangigen Küchen in Deutschland und der Schweiz. 1997 verschlug es den gebürtigen Ostwestfalen nach Brandenburg, genauer nach Luckenwalde. Hier im Restaurant Vier des Vierseithof feilt er an einer klassisch deutschen und modern interpretierten Küche. „Soweit es geht, verarbeiten wir alles aus der nahen Umgebung." Und so kommt auch schon mal ein fleißiger Sammler mit einem Korb frischer Heidelbeeren, die dann spontan die hausgemachte Crème brûlée veredeln. Ideen für neue Speisenkompositionen kommen ihm zumeist am Herd selbst beim Kochen. Er probiert aus, kombiniert Produkte gezielt neu miteinander. Seinen Innovationen verdankt er 15 Punkte im Gault Millau sowie den Titel Brandenburger Meisterkoch 2005.

ADRESSEN: Mitglieder „Brandenburg unter Dampf 2012"

RESTAURANT FRIEDRICH WILHELM
IM HOTEL BAYRISCHES HAUS
Im Wildpark / Elisenweg 2
14471 Potsdam
+49 (0)331 - 550 50
www.bayrisches-haus.de

RESTAURANT MÄRKISCHE STUBEN
IM HOTEL RESIDENZ AM MOTZENER SEE
Töpchiner Str. 4
15749 Mittenwalde (OT Motzen)
+49 (0)33769 - 850
www.hotel-residenz-motzen.de

RESTAURANT VIER
IM HOTEL VIERSEITHOF
Haag 20
14943 Luckenwalde
+49 (0)3371 - 626 80
www.vierseithof.com

DÄMERITZSEEHOTEL GMBH
Kanalstraße 38/39
12589 Berlin Köpenick
+49 (0)30 - 616 74 40
www.dämeritzseehotel.de

SEELODGE
im Wald- und Seegut Kremmen
Zum See 4a
16766 Kremmen
+49 (0)33055 - 220 80
www.seelodge.de

GOLDENER HAHN
Bahnhofstraße 3
03238 Finsterwalde
+49 (0)3531 - 22 14
www.schreiber-cuisine.de

GUT KLOSTERMÜHLE
NATUR RESORT & MEDICAL SPA
Mühlenstraße 11
15518 Madlitz-Wilmersdorf
(OT Alt Madlitz)
+49 (0)33607 - 592 90
www.gutklostermuehle.com

SPECKERS LANDHAUS
Jägerallee 13
14469 Potsdam
+49 (0)331 - 280 43 11
www.speckers.de

LANDLUST KÖRZIN
Körzin 19
14547 Beelitz
+49 (0)33204 - 60 171
www.landlust-koerzin.de

DORINT HOTEL SANSSOUCI
BERLIN-POTSDAM
Jägerallee 20
14469 Potsdam
+49 (0)331 - 27 40
www.dorint.com

Historisches Denkmal: Burg Beeskow

SÜD–SÜDOST
PER PEDES ODER FAHRRAD

Diese Ecke Brandenburgs ist ein Eldorado für Wandersleut' und Fahrradfahrer

Gut eine Autostunde von Berlin entfernt liegt das schönste Bachtal Südostbrandenburgs, das Schlaubetal im gleichnamigen Naturpark. Im Tal angekommen, ist von nun an die Reiseart Fuß oder Fahrrad anempfohlen, denn die Schönheit dieses zauberhaften Tales erkundet man so am besten. Mal als „mitreißender" Mittelgebirgsbach durch das Kerbtal, mal als entspannter Wiesenbach zur Mündung am Großen Müllroser See – die Schlaube liebt es abwechslungsreich. Auf dem 20 Kilometer langen Flusslauf öffnet sich dem Wanderer zudem eine wahre Schatzkammer an Tier- und Pflanzenarten. Drei Viertel aller in ganz Brandenburg vorkommenden Arten kann man im Schlaubetal finden. Einige davon leben nur hier. Die Feuchtwiesen sind ein Paradies für zahlreiche Schmetterlingsarten. So ist es auch kein Wunder, dass das Wappentier des „Schmetterlingsnaturparks" ein Falter ist, nämlich der Hochmoorperlmutterfalter. Mit diesem Namen muss man Karriere machen!

Unweit des Schlaubetals, westlich gelegen, lässt sich Historisches entdecken. Erstmals 1316 urkundlich erwähnt, erzählt die Burg Beeskow eine wechselvolle Geschichte über den Bau und die Verwaltung von Beeskow. Die Festung ist eine von vier Wasserburgen im Raum zwischen Schwieloch- und Scharmützelsee. Ab Mitte des 16. Jahrhunderts herrschten für über 350 Jahre die Hohenzollern über Burg und Stadt. Das Wahrzeichen von Beeskow beherbergt heute ein Kulturzentrum, das Konzerte, Märkte und Theater organisiert. Und der 30 Meter hohe Bergfried lockt als Aussichtsplattform diejenigen, die gern mal „drüberstehen".

Theodor Fontane schrieb in seinen Wanderungen durch die Mark über eine Bootsfahrt auf der Dahme: „Die wendische Spree (alte Bezeichnung für die Dahme), bildet eine große Anzahl prächtiger Seeflächen, die durch einen dünnen Wasserfaden verbunden sind. Ein Befahren dieses Flusses bewegt sich also in Gegensätzen, und während eben noch haffartige Breiten passiert wurden, auf denen eine Seeschlacht geschlagen werden könnte, drängt sich das Boot eine Viertelstunde später durch so schmale Defilés, dass die Ruderstangen nach rechts und links hin die Ufer berühren." Ein weiterer Gegensatz steckt im Namen des Naturparks Dahme-Heideseen. Dem Wasserreichtum durch die Dahme und ihre Seen, die Groß Schauener Seenkette bildet das Herzstück des Parks, stehen karge und sandige Landschaften und Dünen gegenüber – Heide eben. Weite Kiefernwälder ergänzen das Erscheinungsbild der weitgehend unberührten

KULINARISCHE ENTDECKUNGEN 73

Natur des Parks. Einzigartig sind die Binnensalzstellen rund um Storkow. Hier steigt salzhaltiges Wasser aus tieferen Erdschichten an die Oberfläche und lässt jene Pflanzen, die man sonst nur von den Nordseeküsten her kennt, wie den Strand-Dreizack oder das Salzmilchkraut, wachsen und gedeihen.

Der Spree sei Dank! Hat sie sich doch, eben noch Fluss, plötzlich in Hunderte von Wasserläufen verzweigt so einen Landstrich geschaffen, der in Deutschland einzigartig ist, der Spreewald. Dieses geheimnisvolle Geflecht aus kleinen Wäldern, Wiesen und Feldern zwischen den verträumten Spreearmen sucht selbst in Europa seinesgleichen. Unverzichtbares Fortbewegungsmittel ist hier der Kahn. Ob als Personen-, Post-, Waren- oder Kohlenkahn. Hier geht viel mit und nichts ohne Kahn.

Die zauberhaften Spreelandschaften bilden den Lebensraum einer vielfältigen Tier- und Pflanzenwelt. Teilweise mit Arten, die andernorts selten geworden oder gar nicht mehr zu finden sind. So ziehen hier über 100 Weißstorchpaare im Sommer ihre Jungen groß. Bunte Libellen schwirren über die stillen Fließe. Am Himmel kreisen Rotmilan und Mäusebussard. Und als ob das nicht genug wäre, zwischen all dieser herrlichen Natur wächst auch noch das Wahrzeichen des Spreewaldes: die Spreewälder Gurke! Neben der Gurke gab's die Kohle. Und zwar auf dem, dem Spreewald benachbarten, Niederlausitzer Landrücken. Der großflächige Abbau der Braunkohle bestimmte lange Zeit die Struktur der Landschaft.

Ganz in der Nähe von Finsterwalde kann man sehen, wie dem „schwarzbraunen Gold" dereinst zu Leibe gerückt wurde: mit dem „Liegenden Eiffelturm der Lausitz". Das Besucherbergwerk F60 ist eine der größten beweglichen Arbeitsmaschinen der Welt.

Doch seit 1991 vollzieht sich hier eine erstaunliche Entwicklung: Aus Wüste entstehen Wälder, aus Ödnis entsteht Leben. Und das unter anderem in Form einer mehr als 20 Quadratkilometer große Seen- und Sumpflandschaft. Und so ist der Naturpark Niederlausitzer Landrücken ein spannendes Terrain für Naturfreunde. Denn mit der Geburt der neuen Seen siedeln auch deren zukünftige Bewohner, Fische, Vögel und zahlreiches Kleingetier. Im Frühjahr locken die Vogelkinder der größten Möwenkolonie Brandenburgs zu ausgiebigen Beobachtungen. Neben den neuen Seenlandschaften sind die kleinen Dörfer mit ihren Feldsteinkirchen und die Schlösser und Herrenhäuser mit ihren reizvollen Parkanlagen stets eine Erkundung wert.

Und auch im südlichsten Großschutzgebiet Brandenburgs, dem Naturpark Niederlausitzer Heidelandschaft, beherrschte der Braunkohleabbau den Lebensraum von Mensch und Tier für Jahrzehnte. Noch heute kann man die bizarren Mondlandschaften besichtigen und untergegangene Ortschaften erahnen. Doch auch hier widmet man sich der stillgelegten Ödnis mit Kreativität und Leidenschaft. Wertvolle Lebensräume für eine neu ansiedelnde Tier- und Pflanzenwelt werden geschaffen. Und für den Menschen sind es attraktive Naherholungsgebiete, die die einstige, energiehungrige Ausbeutung der Niederlausitz eines Tages vergessen machen.

Unverzichtbares Fortbewegungsmittel im Spreewald ist der Kahn

FEINE AUSWAHL

Außenposten französischer Lebensart am Märkischen Meer

Buttermilch-Krebsschwanz-Terrine
mit Brennnesselpesto
Das Rezept finden Sie auf Seite 96

É picerie fine. Bon! Mit der Épicerie fine, der Feinkost, fing alles an. Damals, in den 1920er-Jahren. In der Seestraße 9 in Bad Saarow. Ein Feinkostladen für die Einheimischen und vor allem die Erholungssuchenden der Berliner Film- und Künstlerszene wurde hier eröffnet. Doch die Zeiten und die Angebot änderten sich. Von Kolonialwaren über Molkereiprodukte, Sportartikeln bis hin zum einfachen Café wechselten die jeweiligen Betreiber die Ausrichtung.

Seit 2008 schließt sich der Kreis. Die Feinkost hat erneut Einzug gehalten in das entspannt-freistehende Ladenlokal. Anne-Katrin Pothier hatte die Vision, hier eine charmante Vertretung französischer Lebensart zu eröffnen: „Die Vielfalt an hochwertigen Lebensmitteln in Frankreich ist enorm!" Eine kleine feine Auswahl sollte nun in Bad Saarow angeboten werden. Würde das gelingen? Jean-Pierre Pothier, leidenschaftlicher Koch und Franzose aus dem Burgund, kennt den kulinarischen Unterschied zwischen Deutschland und Frankreich nur zu gut: „Der Stellenwert von gutem Essen ist dort viel höher!" Und so bietet die Feinkostinsel seitdem, neben einer feinen Auswahl an frischem Fisch, Käse, Antipasti und ausgesuchten französischen (und deutschen) Weinen, auch leckere Bistro-Delikatessen an. „Ich möchte, dass die Menschen sich wohlfühlen und eine Stunde Urlaub bei uns haben!" Jean-Pierre macht seine Gäste gern glücklich, was wiederum ihn glücklich macht. Gutes Essen ist eben sein Leben.

Die edle Feinkost kommt direkt aus Frankreich, einiges andere bezieht er aus der Region. Ein Geheimnis seiner mediterranen Küche ist die Vielzahl von Kräutern, die er verarbeitet. Zum großen Teil sammelt der Naturfreund seine grünen Zutaten selbst auf den umliegenden Wiesen. Die Gäste sagen oft: „...das is(s)t anders!" Und so ist die Feinkostinsel eine Genuss- und Wohlfühlinsel mitten in Bad Saarow am Märkischen Meer.

FEINKOSTINSEL AM MÄRKISCHEN MEER
Jean-Pierre & Anne-Katrin Pothier
Seestraße 9, 15526 Bad Saarow
Telefon 03 36 31 / 64 70 10
Fax 03 36 31 / 64 70 11
info@feinkostinsel-badsaarow.de
www.feinkostinsel-badsaarow.de

KULINARIK UND KULTUR
Neben besten Regionalgerichten gibt's hier eine Theaterbühne

Theodor Fontane bemerkte bei seinem Besuch in Saarow ernüchtert: „Nichts ist hier, gar nichts. Was für eine Gegend!" Doch seine Enttäuschung hielt sich in Grenzen, liebte er doch den nahen Scharmützelsee, sein „Märkisches Meer." Für das Städtchen Saarow kam er vermutlich nur etwas zu früh. Denn erst die goldenen Zwanziger brachten dem verträumten Ort Popularität durch Prominenz, die sich in dieser Sommerfrische vom hektischen Berlin erholen wollte. Und so entstanden sie nach und nach, die „Traumgehäuse", wie sie vom Schriftsteller Johannes R. Becher feingeistig genannt wurden. Jene Villen, die auch heute, sorgfältig saniert, ihren Blick auf das Märkische Meer ausgerichtet haben. In einem dieser herrschaftlichen „Gehäuse" befindet sich das Park-Café, das Restaurant mit einer der schönsten Terrassen rund um den Scharmützelsee.

„Wir waren 1998 fast die Ersten am See." Guido Haß freut sich, denn sein Konzept, regionale Produkte mit internationalem Touch zu verbinden, setzte sich durch. Hier kommt beste Brandenburger Qualität auf den Tisch: Wild aus den Ragower Wäldern, Käse vom Öko-Hof Marienhöhe, Fisch aus Wendisch-Rietz und Bier von der Neuzeller Klosterbrauerei. Der Einfallsreichtum des Küchenchefs Andreas Kießlich macht das Restaurant zu einer erlesenen Adresse. Daneben besitzt das Park-Café eine der größten Theaterbühnen in der Umgebung. Von Comedy-Show bis Frühschoppen-Tanz, hier gehen Kultur und Kulinarik Hand in Hand.

Neben dem Park-Café hat sich auch Bad Saarow prächtig entwickelt. Und so hat längst der Tourismus den charmanten Ort und den bezaubernden See entdeckt. „Gemeinsam sind wir stark": Mit dieser Devise sieht sich Guido Haß im Verbund mit seinen benachbarten Kollegen. „Wenn alle auf hohem Niveau kochen, kann der Gast nicht anders als wiederkommen." Würde Theodor Fontane heute noch einmal nach Bad Saarow wandern, er würde erkennen, dass doch etwas hier ist, nämlich die Perle Brandenburgs am „Märkischen Meer."

Hirschsteak an Petersilienwurzelpüree
mit Chiliaprikosen und Balsamicosauce
Das Rezept finden Sie auf Seite 96

RESTAURANT PARK-CAFÉ / THEATER AM SEE
Guido Haß
Seestraße 22, 15526 Bad Saarow
Telefon 03 36 31 / 86 83 23
info@restaurant-park-cafe.de
www.restaurant-park-cafe.de

IN DRITTER GENERATION

Jörn Peters setzt auf frische feine Landküche

Gebratener Scharmützelsee-Zander auf Spitzkohl mit
Tomatenstreifen und Bärlauch-Kartoffel-Püree
Das Rezept finden Sie auf Seite 97

Ein parkähnlicher Garten, eine idyllische Liegewiese, ein eigener Badestrand mit Steg und Bootsanleger. Ein großer Wellnessbereich mit Fitnessraum und Sauna. Ein Gesellschaftsraum für Hochzeiten und Familienfeste, ein Wintergarten mit Kamin und Weinstube und natürlich das Restaurant 1900 mit seiner Bauernstube und altem Kachelofen, dem Erkerzimmer und der herrlichen Terrasse. Und überall reizvolle Antiquitäten. All das ist: Alte Eichen, Das Landhaus am See.

Was braucht es mehr? Eigentlich nichts. Oder? Ergänzt wird dieses äußerst umfangreiche „Raum"-Angebot von einer hervorragenden Küche. Der dynamische Hotelier Jörn Peters setzt auf eine frische feine Landküche, die mit regionalen und saisonalen Produkten ihre Gäste verwöhnt. „Wir machen nur Sachen, die uns gefallen." Und so wird dem befreundeten Jäger auch schon mal ein ganzer Hirsch abgenommen. Die Fischspezialitäten von Chefkoch Simon Andrew Downings haben ihren Ursprung in der benachbarten Storkower Fischgenossenschaft. Und die hauseigene Patisserie ergänzt die kulinarischen Genüsse mit leckeren Torten und Petits Fours.

Was heute gastlich in Vollendung daher kommt, hat eine lange Entwicklung hinter sich. In der Nachkriegszeit erholten sich in der damaligen Villa die Trümmerfrauen des Westberliner Unternehmers Peters von ihrer schweren Arbeit. Wenig später übernahm die DDR das Anwesen und richtete das Ferienheim Maxim Gorki ein. Erst mit der Wende und einigen juristischen Auseinandersetzungen wurde Familie Peters das attraktive Wassergrundstück rückübertragen. So ist Jörn Peters heute Inhaber in dritter Generation. Nach Abschluss der angesehenen Schweizer Hotelfachschule Belvoirpark ist er nun ein perfekter Gastgeber mit Diplom und Maître Hôtelier in der renommierten „Chaîne des Rôtisseurs", der ältesten Gourmetvereinigung der Welt. Ein Gastgeber mit Leidenschaft – das spürt man sofort!

RESTAURANT 1900, LANDHAUS ALTE EICHEN
Jörn Peters
Alte Eichen 21, 15526 Bad Saarow
Telefon 03 36 31 / 4 30 90
info@landhaus-alte-eichen.de
www.landhaus-alte-eichen.de

FINE DINING AM SEE
Exklusiv speisen in traumhafter Lage am Scharmützelsee

Das weiße, mit Reet gedeckte Holzhaus strahlt an diesem Frühlingstag mit stolzer Erhabenheit in der Sonne. Der Blick von einer der drei einladenden Terrassen über den Yachtsteg reicht weit über das silbrige Glitzern des sanft zu Füßen liegenden „Märkischen Meeres" bis hin zum himmelblau-gerahmten Ufer gegenüber. Ein laues Lüftchen untermalt die traumhafte Lage der Villa am See.

Genau hier findet der geneigte Genießer das Fine Dining Res-taurant des A-ROSA Resorts am Scharmützelsee. Innerhalb ihres noch recht kurzen Bestehens hat die Villa am See bereits 14 Punkt im Gault Millau erworben. Respekt! Küchenchef Matthias Rösch und sein leidenschaftliches Team kennen und erkennen die Erwartungen ihrer Gäste und setzen auf Abwechslung. So wird tagsüber eine leichte Küche geboten, die mit regionalen Gerichten aufwartet. Am Abend stehen Menüfolgen zur Wahl, die mit der charmant-maritimen Atmosphäre des Restaurants und der naturnahen Umgebung einen entspannten Tagesausklang begleiten.

Die abendliche Menükarte changiert alle zwei Monate und gibt so saisonale Einflüsse wieder. Gerichte entstehen neu oder werden neu interpretiert. „Unsere Gäste möchten immer wieder überrascht sein", weiß Executive Chef Stefan Russ. Diese ständige Erneuerung erfordert von jedem jede Menge Kreativität. Dabei ist die innovative Präsentation ein wichtiges Instrument, dem Gast ein besonderes Erlebnis zu verschaffen. Bleibende Eindrücke hinterlassen zumeist Speisen, „die der Gast so noch nicht gesehen hat!" Bei der Komposition der Zutaten ist „weniger oft mehr." Stefan Russ und Matthias Rösch setzen hier auf das wirkungsvolle Zusammenspiel hochwertiger Produkte. Unwesentliche Dinge werden konsequent weggelassen. Und so entsteht es – das bemerkenswerte Fine Dining in der Villa am See.

Seeteufel gebraten, mit Apfel-Curry-Schaum, jungem Lauch und Apfelsenf *Das Rezept finden Sie auf Seite 97*

RESTAURANT VILLA AM SEE IM SPORT & SPA RESORT
A-ROSA SCHARMÜTZELSEE
Carsten Willenbockel
*Parkallee 1, 15526 Bad Saarow
Telefon 03 36 31 / 6 26 70
scharmuetzelsee@a-rosa.de
www.a-rosa.de/scharmuetzelsee*

DER FISCH-FAN

Im malerischen Haus gibt's Schätze aus den umliegenden Seen

Unweit von Wendisch Rietz, nah dem südlichen Ende des Scharmützelsees liegt eine Brücke. Über diese romantische Holzbrücke gelangt man auf die idyllische Halbinsel am kleinen Glubigsee und dortselbst in eine besondere Welt – in die Welt des Matthias Gödicke. Von tiefklarem Wasser, zart-blühenden Seerosen und sanft-wiegendem Schilf umgeben liegt es da, malerisch, das reetgedeckte Restaurant Fisch-Haus.

Vor über zehn Jahren verwirklichte der Naturliebhaber hier seinen Traum und errichtete eine Oase zum Genießen und Wohlfühlen. Doch die Traum-Geschichte des Matthias Gödicke reicht weiter zurück. Mit sieben Jahren schenkte ihm sein Vater eine Angel und vermittelte ihm die Leidenschaft für Fische. Matthias begeisterte sich fortan für alles, was mit der Fischerei zu tun hatte. Mit 16 Jahren beschloss er, seine Heimat in Sachsen gegen die Storkower Seen und den Märkischen Sand einzutauschen. Hier lernte er das Handwerk des Fischers von der Pike auf. 1989 gründete er in Groß Schauern einen eigenen Fischereibetrieb, den späteren Aal-Hof. Die Erfolgsgeschichte war geboren. Seit dem fischen er und seine Mitarbeiter „knackefrischen" Fisch, wie Forelle, Zander, Aal, Hecht, Schlei und Karpfen aus den selbst bewirtschafteten Gewässern. „Mehr Bio geht nicht."

Und das schmeckt man. Von seinem erfahrenen Küchenteam rund um Küchenchef Andreas Groß werden die „Schätze" der umliegenden Seen höchst geschmackvoll zubereitet. Für seine Gäste steht seit einigen Jahren auch ein kleiner feiner Hotelbetrieb bereit. So kann jeder der Natur, die der Fisch-Haus-Gründer so liebt, selbst näher kommen und entspannen. Übrigens: Tochter Julia plant für das Frühjahr 2013 die Eröffnung eines ayurvedischen und gesundheitspräventiven Wellness- & Spa-Instituts. Selbstredend, dass dabei auch die gesunde Fisch-Haus-Küche eine Rolle spielen wird.

Gebratener Glubigsee-Hecht auf Kartoffel-Spargel-Gröstel
Das Rezept finden Sie auf Seite 98

FISCH-HAUS
Matthias Gödicke
*Am Kleinen Glubigsee 31, 15864 Wendisch Rietz
Telefon 03 36 79 / 7 50 73
Fax 03 36 79 / 7 51 09
aalhof.goedicke@t-online.de
www.fischhaus-goedicke.de*

FLOTTER DREIER

Kino, Eiscafé und Lounge in einem

Schuku-Crushed
*Das Rezept finden
Sie auf Seite 98*

Hier ist es also zu Hause, das derzeit beste Eis in Deutschland. Monica und Ralf Schulze sind stolz auf ihr „Vanille-Crème" und all die anderen wunderbar sahnigen Eiskreationen: „Bei den Geschmacksrichtungen gibt es unzählige Möglichkeiten!" Und so ist die Liste der leckeren und besonderen Sorten lang. Das reicht von Champagnereis und Käsekucheneis, über Erdbeer-Basilikum bis zum Spargel-Sorbet. Papageieneis, Marshmallow-Eis oder das quitschige „Engelblau" erfreuen vor allem die Kinder. Bis zu 20 immer wieder wechselnde Sorten sind im Sommer täglich im Angebot.

Das Schukurama fand im Jahr 2005 seinen Ursprung in dem Vorhaben, das alte und einzige Kino des Städtchens nicht vollends sterben zu lassen. Ralf Schulze wollte das Gebäude wieder beleben. Sein Konzept von Kino – Eiscafé – Lounge überzeugte die Stadtherren und so konnte es losgehen.

Ralfs Idee: „Im Winter gehen die Leute gern ins Kino, im Sommer kommen sie zu Eis und Cocktails!" Und so kam es. Das Schukurama ist seitdem zum beliebten Treffpunkt für Beeskower und deren Besucher geworden. Hier treffen sich Kinder zum Eis essen, Jugendliche schlürfen Cocktails, Familien kommen zum Kinobesuch und Senioren trinken hier nachmittags gemütlich Kaffee.

Mittlerweile ist das Kino um den modern gestylten Kinosaal „Violett" erweitert worden. Weiße Ledersessel, violetter Plüschteppichboden und eine erfrischende Regenwand als Zwischen-Projektionsfläche machen hier Kino schon vor dem Kino zum Erlebnis. Wer nach einem aufregenden Film noch ein wenig entspannen möchte, Barmeister Ralf Schulze hat an die 200 Cocktails im Repertoire. Neben den namhaften Klassikern finden sich hier Specials, wie der „Untouchable", die flüssige Form eines Schokoladentrüffels, der „Pink Heaven", Cocktail of the Year 2004 und der „Death in Paris", bei dem Absinth und Champagner eine wahrlich atemberaubende Mixtur eingehen.

SCHUKURAMA
Ralf Schulze
*Bahnhofstraße 14a, 15848 Beeskow
Telefon 0 33 66 / 1 52 04 71
info@schukurama.de
www.schukurama.de*

KULINARISCHE ENTDECKUNGEN

KULINARIK MIT GRÜNBLICK

Hier pflegt man die traditionelle wie kreativ-moderne Küche

In Beeskow liegt Kulinarik genau zwischen Kultur und Natur. Mitten zwischen der aus uralter Zeit stammenden Burg Beeskow und der entspannt dahin fließenden Spree mit ihrem grünen Rahmen befindet sich eine besondere Welt, die Wasserwelt.

Das beliebte Restaurant verbindet auf einzigartige Weise italienisches Design, mediterrane Küche und naturnahe Atmosphäre. Allein die große Fensterfront zur noch größeren Spree-Terrasse lässt den Gast „mitten in der Natur" verweilen. Im Frühling und Sommer genießt man den Blick ins Grüne. Im Herbst und Winter bildet der knisternde Kamin den Mittelpunkt.

Kulinarisch setzen Küchenchef Robert Schulze und sein Team auf Gegensätze: „Tradition trifft Trend" so das Motto. Vom klassischen Schnitzel über das gebratene Rinderfilet mit Kartoffelbaumkuchen oder das Duett von Hase und Kaninchen bis zum molekularen Dessert: Diese Küche ist kreativ und ungewöhnlich. „Kaninchen und Hase sind stets auf der Karte und kommen aus dem Havelland." Wels, Zander, Kartoffeln und viele der saisonalen Erzeugnisse kommen vom Bio-Bauern aus Niewisch. Die exklusive Weinkarte ist sorgsam von einem hauseigenen Sommelier ausgewählt und korrespondiert in ihrer deutsch-französischen Ausrichtung bestens mit den angebotenen Speisen.

Und so kommen sie, die Gäste: Ob als Wasserwanderer, die den hauseigenen Bootsanleger nutzen, als Brandenburg-Tourist, die eine kulinarische Entdeckungsreise unternehmen oder als Beeskower, die diese exquisite Küche ihrer Stadt mögen.

Wer Erlebnis und Genuss gern kombiniert, ist in der Wasserwelt völlig richtig. Denn: „Die Wasserwelt legt ab" – nämlich zu einer Dinner Cruise mit dem Motorschiff Schwielochsee mit Büfett über die Spree. Oder vielleicht das „Letzte Abendessen auf der Titanic" genießen? Oder einfach nur gemütlich die Frühstückslounge auf der sonnigen Terrasse nutzen? Das alles bietet die Wasserwelt in Beeskow.

Duett von Kaninchen und Hase im Bärlauch-Schinken-Mantel, auf sautierten Preiselbeer-Zuckerschoten und einem Kartoffelbaumkuchen
Das Rezept finden Sie auf Seite 99

WASSERWELT
Ralf Schulze
Spreeinsel 7, 15848 Beeskow
Telefon 0 33 66 / 1 52 04 17
www.wasserwelt-beeskow.de

EIN SCHÖNES STÜCK SPREEWALD

Neben den Gerichten genießt man hier den herrlichen Blick

„Unsere Träume sind die Flügel, die uns in eine neue Wirklichkeit tragen." Für Susanne und Torsten Splanemann-Du Chesne erfüllte sich unlängst ein Traum, der Traum von einem eigenen Landgasthof. Aber nicht irgendeinem. Nein. Dem wunderbaren Landgasthof Zum grünen Strand der Spree im idyllischen Spreewald-Dorf Schlepzig. Hier, wo die Uhren anders zu ticken scheinen, wo Ruhe, Weite und Ursprünglichkeit bewahrt sind, sind Träume eben zum Greifen nah.

Allein das Verweilen an einem Sommerabend auf einer der großen Restaurantterrassen mit dem herrlichen Blick über die Wiesen des Spreewaldes, lässt den Alltag völlig vergessen, ist Landromantik pur. Der charmante Landgasthof hält, neben einem kleinen feinen Hotelbetrieb, eine gehobene, regional geprägte Küche vor, in der vorwiegend Produkte direkt aus dem Spreewald verwendet werden. Küchenchef Kevin Noack ist stolz auf die feine Karte mit den Spreewälder Fisch- und Wild-Spezialitäten, aber auch auf die Klassiker wie den Spreewälder Schmorgurken, Großmutters Grützwurst oder dem Sahnequark mit dem besonderen Leinöl. „Der Gast hat die Wahl, er kann hier oder da speisen", deutet Kevin Noack noch eine Alternative an. Und wirklich: In der Privat-Brauerei gleich nebenan, die mit ihren blitzblanken Kupferkesseln in der ehemaligen Scheune untergebracht ist, sieht es in den Kochtöpfen ganz anders aus. Hier kommen deftige Gerichte zum frisch gebrauten Bier auf den rustikalen Tisch. Aus der „Spreewälder Privatbrauerei seit 1788" fließen übrigens Spreewälder Pils, Spreewälder Dunkel, „SPREELATOR", der Doppelbock aus der Flasche oder ein vollmundiges Weizen. Das ist Biergenuss in Perfektion.

Wer Schlepzig einen Besuch abstattet, wird die Entspanntheit dieses Ortes und der Menschen sofort spüren. Hier leben jahrhundertealte Traditionen. Denn Schlepzig wurde vor jetzt über 1000 Jahren erstmalig urkundlich erwähnt und ist damit eine der ältesten Siedlungen in Brandenburg überhaupt.

LANDGASTHOF ZUM GRÜNEN STRAND DER SPREE
Susanne Du Chesne & René Kowatsch
Dorfstraße 53, 15910 Schlepzig
Telefon 03 54 72 / 66 20
spreewaldbrauerei@t-online.de
www.spreewaldbrauerei.de

Duett von Zander und Garnele mit sautierten Pfifferlingen und Petersilienwurzelpüree
Das Rezept finden Sie auf Seite 99

ENTSCHEIDEND IST DAS FASS
Was gibt es im Spreewald außer Gurken? Single Malt Whisky!

Denkt man an Spreewald, denkt man an Gurken, an Kahnfahren, an beeindruckende Natur. Nun ist es jedoch Zeit, den Denk-Wort-Schatz etwas zu erweitern. Im Spreewald gibt es nämlich auch Whisky! Seit 2008 hat der Spreewald, genauer gesagt das schöne Dörfchen Schlepzig, auf der exklusiven Weltklasse-Whisky-Brennerei-Liste einen festen Platz.

„Sloupisti" heißt der hier gebrannte Single Malt Whisky, der von Whisky-Papst Jim Murray umgehend als hervorragend (94 von 100 Punkten!) klassifiziert wurde. Urheber dieser kleinen Sensation ist der frühere Mediziner Dr. Torsten Römer. Er fand vor über 20 Jahren in Schlepzig – die sorbische Übersetzung des über 1000 Jahre alten Ortes heißt übrigens „Sloupisti" – einen Ort, an dem er seine Ideen verwirklichen konnte. Er träumte von einem idyllischen Landgasthof, mit Brauerei und Hotel. Mittlerweile ist alles vorhanden! Und von einem Brennereihof. In dem werden nunmehr an die 80 Sorten Obstbrände, Bierbrände und Liköre gebrannt. Und natürlich der exzellente „Sloupisti".

Besonderen Wert legt Torsten Römer auf die verwendeten Fässer, denn das Aroma des Whiskys wird zu 95 Prozent von der Beschaffenheit des Fasses bestimmt. Seine Whisky-Behältnisse bezieht er hauptsächlich aus Frankreich, Spanien, den USA und auch aus Deutschland. Dabei handelt es sich immer um bereits mehrfach verwendete Weinfässer, die in ihrem Holz die unterschiedlichsten Aromen gespeichert haben. Diese werden dann während der dreijährigen Reifezeit an den Whisky weitergereicht. Doch die Brennerei ist nicht die einzige Aroma-Leidenschaft von Torsten Römer: Im Spreewaldini entstehen seit kurzem auch eigene Bonbon-, Pralinen-, Kuchen- und Eiskreationen. Natürlich auch in der Geschmacksrichtung „Weltklasse-Whisky". Für alle hier genossenen, glücksbringenden Nebenwirkungen danken Sie nicht Ihrer Apotheke, sondern Ihrem Aroma-Arzt, Doktor Torsten Römer!

Whiskytorte *Das Rezept finden Sie auf Seite 100*

SPREEWALDINI
Dr. Torsten Römer
Dorfstraße 56, 15910 Schlepzig
Telefon 03 54 72 / 65 91 42
spreewaldbrennerei@t-online.de

DIE KRAFT DES ODIN
Vom Honig- über Sanddorn- bis zum Himbeerbier

Feinster Malz, bester Hopfen, naturreiner Bienenhonig sowie die Liebe und Erfahrung einer über 250 Jahre alten, traditionell handwerklichen Braukunst in der Schlossbrauerei Fürstlich Drehna: Hier, in der sonnenreichsten Region Brandenburgs, einer der wertvollsten Agrarkammern des Landes, entsteht es, das exklusive Honigbier. „Wir waren mit dieser Spezialität die Ersten am Markt", freut sich Geschäftsführer Arno Schelzke. „Und in dieser Qualität bislang auch die Einzigen", fügt er stolz hinzu. Dieser Erfolg spornt an und so kommen in diesem Jahr neue Geschmacksrichtungen aus den kupfernen Kesseln der denkmalgeschützten Brauhalle.

Die neueste Innovation nennen die Braumeister intern „die glorreichen Sieben", eine Reihe von Bieren, die mit Kraft und Geschmack für frischen und abwechslungsreichen Biergenuss sorgen werden. So erweitern Ingwerbier, Sanddorn- und Himbeerbier das edle Sortiment der historischen Brauerei. Klassiker der fürstlichen Braukunst sind neben dem Odin-Trunk nach wie vor das Schlossbräu Edelhell, das Premium Pils nach der Originalrezeptur aus dem Jahre 1842 und das bierhaltige Potsdamer, ein urtypisches Erfrischungsgetränk mit Himbeer-Brause. Diese charaktervollen Spezialitäten der Schlossbrauerei finden Bierliebhaber im ausgewählten Einzelhandel. Zum „exklusiven Ausschank" bringen die Schlossbrauer ihre gesamte Palette im ortsansässigen Gasthof Zum Hirsch. Die bürgerlich-anspruchsvolle Küche des Hirschen hält zum großen Teil Wild aus den umliegenden Wäldern auf der Speisekarte. Mit den regional typischen Bieren der Schlossbrauerei – ein Genuss!

Der charmante Gasthof aus dem 18. Jahrhundert ist übrigens Teil eines städtebaulichen Ensembles rund um den malerischen Marktplatz. Mit seinem barocken Wasserschloss, seiner vorzüglichen Schlossbrauerei und dem ehemaligen Gutshof und Amtshaus ist Fürstlich Drehna einer der schönsten Orte im Naturpark Niederlausitzer Landrücken.

Tête à Tête von Hirsch und Scampi
Das Rezept finden Sie auf Seite 100

SCHLOSSBRAUEREI FÜRSTLICH DREHNA
Dipl.-Ing. Arno Schelzke
Lindenplatz 10, 15926 Luckau, OT Fürstlich Drehna
Telefon 03 53 24 / 3 03 30
mail@schlossbrauerei-fuerstlich-drehna.de
www.schlossbrauerei-fuerstlich-drehna.de

REZEPTE

Buttermilch-Krebschwanz-Terrine von der Feinkostinsel (l.), Hirschsteak aus dem Park-Café

BUTTERMILCH-KREBS-SCHWANZ-TERRINE MIT BRENNNESSELPESTO
Rezept Feinkostinsel, Seite 76

ZUTATEN FÜR 4-6 PERSONEN
Für die Terrine:

gekühlte Terrine, 500 m Buttermilch aus Marienhöhe, Krebse aus dem Scharmützelsee, 6 Blatt eingeweichte Gelatine einige Safranfäden, Noilly Prat (französischer Wermut), Fleur de Sel Cayennepfeffer (Messerspitze), Dill

Für die Pesto:

50 g Brennnessel, 40 g glatte Petersilie Olivenöl, kaltgepresstes Rapsöl, Pfeffer aus der Mühle, Fleur de Sel, geröstete Cashewnüsse

ZUBEREITUNG
Die Buttermilch erwärmen und mit Noilly Prat, Salz, Cayenne abschmecken. Die Gelatine gut ausdrücken und in der Buttermilch auflösen.
Ca. 80 ml Buttermilch abnehmen. Safranfäden in Noilly Prat aufkochen, bis der Safran die Farbe abgibt, zur abgenommenen Menge dazugeben und kalt stellen! Die Safranbuttermilch in die gekühlte Terrinenform geben, kalt stellen und erstarren lassen. Die entdarmten Krebsschwänze mit Dill zur restlichen Buttermilch geben und auf die bereits mit der Safranbuttermilch befüllten Terrinenform geben, dann ca. 4 Stunden in den Kühlschrank stellen.

Die Brennnesselspitzen und die gezupfte Petersilie kurz in kochendem Wasser blanchieren und dann sofort im Eiswasser abschrecken. Vorsichtig trocken tupfen und mit den gerösteten Cashewnüssen im Mixer zerkleinern. Dann mit Oliven- und Rapsöl pürieren. Dabei Oliven- und Rapsöl solange zugeben, bis eine grüne dickflüssige Paste entstanden ist. Mit Salz und Pfeffer abschmecken.

HIRSCHSTEAK AN PETERSILIENWURZELPÜREE MIT CHILIAPRIKOSEN UND BALSAMICOSAUCE
Restaurant Park-Café, Seite 78

ZUTATEN FÜR 4 PERSONEN
4 Hirschsteaks (aus dem Rücken) à ca. 180 g, 2 EL Butterschmalz

Für die Chiliaprikosen:
12 halbe Aprikosen (entkernt), 150 ml Orangensaft, 1 Chilischote 80 g Zucker, 1 Prise Salz

Für das Petersilienwurzelpüree:
500 g Petersilienwurzeln, 250 ml Milch, 50 g Butter, 2 Schalotten, Salz, Pfeffer, Muskat

Für die Balsamicosauce:
100 ml Balsamicoessig, 100 ml Portwein, 250 ml Wildfond, 1 TL Speisestärke, 1 EL Honig

ZUBEREITUNG
Petersilienwurzelpüree: Wurzeln schälen und in kleine Würfel schneiden. Schalotten ebenfalls fein würfeln und in der Butter glasig schwitzen. Petersilienwurzeln dazugeben, mit Milch aufgießen und etwa 20 Minuten zugedeckt weich dünsten. Das Gemüse mit der Flüssigkeit in einem Mixer pürieren, mit Salz, Pfeffer und etwas Muskat abschmecken.

Chiliaprikosen: Zucker in einem Topf hellbraun karamellisieren, Aprikosen dazugeben und ca. 2 Minuten mit angehen lassen. Chilischote halbieren, Kerne entfernen, in feine Streifen schneiden und ebenfalls hinzufügen. Mit dem Orangensaft ablöschen, stark einkochen lassen, mit einer Prise Salz vollenden und warm stellen.

Hirschsteaks und Sauce: Steaks in Butterschmalz 4 bis 5 Minuten scharf von allen Seiten anbraten, aus der Pfanne nehmen und zugedeckt warm stellen. Bratfett abgießen. Portwein, Balsamico, Wildfond und Honig in die Pfanne geben und auf ein Drittel einkochen. Die Sauce mit der in wenig Wasser angerührte Speisestärke binden und mit Salz und Pfeffer abschmecken.

Scharmützelsee-Zander vom Restaurant 1900 (l.), gebratener Seeteufel aus der Villa am See

GEBRATENER SCHARMÜTZELSEE-ZANDER AUF SPITZKOHL MIT TOMATENSTREIFEN UND BÄRLAUCH-KARTOFFEL-PÜREE
Restaurant 1900, Seite 80

ZUTATEN FÜR 4 PERSONEN
1 ganzer Zander, 600 g Kartoffeln (mehlig), 50 g Bärlauch, 600 g Spitzkohl, 2 Tomaten, Pflanzenöl, Olivenöl, Butter, 10 g Pinienkerne, Salz, Pfeffer, Muskatnuss, ca. 4 cl Weißwein, Milch, Zitronensaft, Thymian

ZUBEREITUNG
Bärlauch-Kartoffel-Püree: mehlig kochende Kartoffeln schälen, waschen und kochen. Bärlauch waschen, grob hacken und mit etwas Salz, Olivenöl und gerösteten Pinienkernen pürieren. Die gekochten Kartoffeln abgießen und mit Butter, Milch und Muskatnuss zu einen Püree verarbeiten. Anschließend das Bärlauchpesto unter das Püree heben.
Spitzkohl mit Tomatenstreifen: Spitzkohl waschen, halbieren und den Strunk entfernen. Danach den Kohl in feine Streifen schneiden. Tomaten waschen, vierteln und vom Kerngehäuse befreien, dann die Filets in Streifen schneiden. Etwas Butter in einem Topf erhitzen und den Spitzkohl anschwitzen. Mit Weißwein ablöschen und mit Salz, Pfeffer und Muskatnuss würzen. Nach 2–3 Minuten den Topf von der Kochstelle nehmen und die Tomatenstreifen hinzugeben.
Zander: Zander entschuppen und filetieren. Mit kaltem Wasser abspülen und die restlichen Gräten aus dem Filet lösen. Zander mit Zitronensaft und Salz würzen. Etwas Pflanzenöl in einer Pfanne erhitzen. Den Zander auf der Hautseite in die Pfanne geben und bei mittlerer Hitze braten. Wenn die Haut schön kross ist, den Zander wenden, etwas Butter und Thymian hinzugeben und gar ziehen lassen.

SEETEUFEL GEBRATEN, MIT APFEL-CURRY-SCHAUM, JUNGEM LAUCH UND APFELSENF
Villa am See, Seite 82

ZUTATEN FÜR 6 PERSONEN
1 kg Seeteufelfilet (12 Stücke), 1,2 l kräftiger Geflügelfond, 3 Apfelstücke, 1 Schalotte, 20 g Currypulver, 1 Limette, 10 g Ingwer, 1 Stück Zitronengras, 2 Stück NO2 Kapseln, 1 Espumaflasche, 40 g Sahne, 10 g Agar-Agar (Pulver), 60 ml Eiweiß, 5 g Purple Curry, 20 g Apfelsenf, 30 ml Weißwein, Salz, Pfeffer, Muskat, Zucker, Cayennepfeffer

ZUBEREITUNG
Apfel, Schalotte und Ingwer schälen und in kleine, walnussgroße Würfel schneiden. Das Zitronengras mit einem Plattiereisen an der Wurzel plätten (das Aroma entfaltet sich dann besser) und klein schneiden. Alle Zutaten in einem breiten Topf anschwitzen und mit Currypulver bestäuben. Danach noch etwas schwitzen lassen und mit Weißwein ablöschen. Jetzt mit 800 ml vom kräftigen Geflügelfond auffüllen und 20 Minuten leicht köcheln lassen. Limettensaft und Sahne dazugeben und nochmals aufkochen lassen. Pürieren und passieren, gegebenenfalls noch mit Salz, Pfeffer und etwas Curry bzw. Apfelsaft abschmecken. Jetzt mit Agar-Agar binden.
Auf einem großen GN-Blech auskühlen lassen, mit dem Eiweiß im Thermomix (Vorwerk) montieren und in die Espumaflasche füllen, mit NO2-Kapseln aufladen und bei 60 °C warm stellen. Seeteufelfilet portionieren und die einzelnen Medaillons in einer heißen Grillpfanne mit etwas Olivenöl grillieren, sodass ein schönes Grillmuster auf dem Seeteufel entsteht. Danach den Seeteufel im Ofen bei 80–90 °C langsam gar ziehen lassen. Im Kern sollte der Fisch etwa 42–45 °C vor dem Servieren haben.
Die grünen Enden vom Frühlingslauch abschneiden, sodass aber noch etwa 10–12 cm lange Zwiebeln bleiben. Das Grün vom Lauch klein schneiden und

REZEPTE

Glubigsse-Hecht vom Restaurant Fisch-Haus (l.), Cocktail Schuku-Crushed aus dem Schukurama

mit 70 °C warmen Geflügelfond montieren, pürieren und passieren. Mit Salz und Pfeffer abschmecken.

Die Lauchzwiebeln auch in der gesäuberten Grillpfanne mit etwas Olivenöl grillen, bis sie gar sind.

Für den Apfelsenf das Purple Curry mit dem Senf verrühren und mit einem breiten Pinsel einen Streifen über einen tiefen Teller streichen.

ANRICHTEN

Zwei Stück von den Lauchzwiebeln in dem großen tiefen Teller nebeneinander, auf dem Apfelsenf anrichten, den Fisch darauf setzen und etwas Fleur de Sel bestreuen. Auf das hintere Ende der Lauchzwiebeln den warmen Espuma schäumen. Danach mit etwas warmen Lauchfond angießen.

GEBRATENER GLUBIGSEE-HECHT AUF KARTOFFEL-SPARGEL-GRÖSTEL
Fisch-Haus, Seite 84

ZUTATEN FÜR 4 PERSONEN
Für den gebratenen Hecht:
4 x 200 g Hechtfilet, Sonnenblumenöl, frische Kräuter (Rosmarin, Thymian, Schnittlauch), Salz, Pfeffer

Für das Kartoffel-Spargel-Gröstel:
ca. 700 g Grenalie-Kartoffeln, ca. 350 g weißer und grüner Spargel, 1 Zwiebel, 16 Cherrytomaten, Sonnenblumenöl, Salz, Pfeffer, Muskat, Zucker, 2 EL Butter

ZUBEREITUNG

Die Grenalie-Kartoffeln gründlich waschen. Dann in Salzwasser bissfest kochen und anschließend auskühlen lassen.

In der Zwischenzeit den weißen Spargel schälen und zusammen mit dem grünen Spargel in dekorative Scheiben schneiden.

Die Hechtfilets mit kaltem Wasser abspülen und gut trocken tupfen. Mit Salz und Pfeffer würzen und in heißem Öl braten.

Danach die Kartoffeln vierteln und mit dem Spargel in einer Pfanne mit heißem Sonnenblumenöl anbraten. Jetzt die Zwiebelwürfel dazugeben und anschwitzen.

Als nächstes werden die Butter, die geviertelten Cherrytomaten und der Schnittlauch dazugegeben.

Die gehackten Kräuter zu dem Hecht in die Pfanne geben (darauf achten, dass sie nicht verbrennen!)

Das Kartoffel-Spargel-Gröstel mit Salz, Pfeffer, eine Prise Zucker und Muskat abschmecken.

Zum Schluss die Gräten aus dem Hecht ziehen.

SCHUKU-CRUSHED
Schukurama, Seite 86

ZUTATEN FÜR 1 COCKTAIL
5 cl Tanqueray Ten Gin, 2 cl Bols Genever. ½ Limette, 2 cl Rohrzuckersirup (am Besten Monin), 6 Kumquats, Schweppes Tonic

ZUBEREITUNG

Glas zur Hälfte mit Crushed Ice füllen. Limette vierteln, Kumquats halbieren und ins Glas geben, beides leicht quetschen. Zuckersirup dazugeben und umrühren. Tanqueray Ten Gin und Bols Generver zugeben und umrühren. Nun Crushed Ice und Schweppes Tonic auffüllen. Garnieren. Mit einem Strohhalm servieren.

Kaninchen und Hase vom Restaurant Wasserwelt (l.), Duett von Zander und Garnele, Landgasthof Zum grünen Strand der Spree

DUETT VON KANINCHEN UND HASE IM BÄRLAUCH-SCHINKEN-MANTEL, AUF SAUTIERTEN PREISEL-BEER-ZUCKERSCHOTEN UND EINEM KARTOFFELBAUMKUCHEN
Wasserwelt, Seite 88

ZUTATEN FÜR 4 PERSONEN
*Kaninchenfilet, 4 Stück à ca. 140 g,
Hasenfilet, 4 Stück à ca. 140 g,
200 g Frühstücksspeck, 100 g Bärlauch
200 g Hähnchenbrust, 300 g Sahne
40 g Wildpreiselbeeren, 400 g Zuckerschoten, 1 kg mehlig-kochende
Kartoffeln, 100 g Butter, 6 Eier
40 g Butter, 200 g glatte Petersilie*

ZUBEREITUNG
Den Backofen auf 80 °C vorheizen. Die Kaninchen- und Hasenfilets werden pariert und vom Knochen abgelöst. Anschließend wird eine Farce aus Hähnchen, Sahne und Bärlauch hergestellt. Es werden Hähnchen und Bärlauch in feine Streifen geschnitten und mit einem Mixstab püriert, jeweils so viel Sahne hinzugeben bis eine cremige Masse entsteht. Alufolie auf dem Tisch in 30 cm lange Streifen jeweils viermal ausbreiten. Dann immer 4 Scheiben Bacon darauf verteilen und jeweils 1 Kaninchenfilet und 1 Hasenfilet im Schinken einrollen und fest einwickeln. Die Rollen nun im Ofen 30 Minuten bei Umluft garen. Anschließend vorsichtig die Alufolie entfernen und die Rollen in der Pfanne anbraten. Die Zuckerschoten halbieren und in Butter anbraten. Die Preiselbeeren hinzufügen und alles einmal durchschwenken.

Die Kartoffeln schälen und weich kochen, Sahne hinzufügen und alles mit dem Mixstab pürieren. Die Masse abkühlen lassen und die Eier hinzufügen. Alles gut vermengen und mit Salz und Pfeffer abschmecken.
Die Masse auf ein eingefettetes Backblech geben und ca. 0,5 cm dick ausstreichen. Die Schicht ca. 5–7 Minuten goldgelb backen.

DUETT VON ZANDER UND GARNELE MIT SAUTIERTEN PFIFFERLINGEN UND PETERSILIENWURZEL-PÜREE
Landgasthof Zum grünen Strand der Spree, Seite 90

ZUTATEN FÜR 4 PERSONEN
Für Zander und Garnele
*700 g Zanderfilet, 8 Garnelen,
2 Knoblauchzehe, 50 ml Weißwein,
Mehl, Salz, Pfeffer*

Für die Pfifferlinge
*700 g Pfifferlinge, möglichst frisch
100 g Wacholderschinken, gewürfelt
1 Bd. Frühlingszwiebeln
40 g Butter,
1 Bd. glatte Petersilie, gehackt
Salz, Pfeffer*

Für das Petersilienwurzelpüree
*200 g Kartoffeln, 600 g Petersilienwurzeln, 200–300 ml Milch, 50–100 g
Sahne, 20 g Butter, Muskat, Salz, Pfeffer*

ZUBEREITUNG
Kartoffeln und Petersilienwurzeln waschen, putzen, schälen und grob schneiden. Dann beide Zutaten in einen Topf geben und mit Milch bedecken, mit Salz und Pfeffer würzen. Die Kartoffeln und die Petersilienwurzeln ca. 20–30 Minuten weich kochen. Die Kartoffel-Petersilienwurzel-Masse durch ein Sieb gießen und die Flüssigkeit auffangen. Die Milchmischung nach und nach zu der Kartoffel-Petersilienwurzel-Masse geben und schlagen, bis das Püree cremig ist. Abschließend das Püree mit Salz und Muskat nach Bedarf abschmecken.

Die Butter in der Pfanne auslassen, den Wacholderschinken 1–2 Minuten anbräunen und die Zwiebeln bei mittlerer Hitze 2–3 Minuten dünsten. Die Pilze bei hoher Hitze hinzufügen und unter Rühren ca. 5 Minuten schmoren. Danach Petersilie untermischen und mini-

REZEPTE

Whiskytorte (l.), Spezialität des Spreewaldini, Hirsch und Scampi, Schlossbrauerei Fürstlich Drehna/Gasthof Zum Hirschen

mal salzen (!), an Pfeffer hingegen nicht sparen.
Den Zander in vier gleiche Portionen schneiden und eventuell Gräten ziehen. Die Garnelen von der Schale und dem Darm befreien. Den Fisch anschließend würzen und auf der Hautseite melieren. Nun den Zander auf der Hautseite braten und kurz vor dem Garpunkt wenden. Die Garnelen würzen und scharf anbraten. Den Knoblauch dazugeben und mit Weißwein ablöschen. Alles zusammen auf einem Teller dekorativ anrichten.

WHISKYTORTE
Rezept Spreewaldini, Seite 92

ZUTATEN FÜR 1 TORTE
1 Schokoboden, 1 l Schlagsahne 2 Pckch. Sahnesteif, 200 ml Whisky „Sloupisti", Raspelschokolade und Deko, 3 EL Kakao

ZUBEREITUNG
Den Tortenboden in drei gleichmäßige Teile aufschneiden. Die Schlagsahne und das Sahnesteif schlagen. Kakao und Whisky unterrühren.
Ein Viertel der Menge von der fertigen Schokomasse zurückstellen.
Jetzt mit der verbleibenden Schokomasse die Böden füllen, die Oberseite bestreichen und die Seiten der Torte garnieren. Zum Schluss den Rest der Masse für dekorative Tupfer verwenden.

TÊTE À TÊTE VON HIRSCH UND SCAMPI mit MEDITERRANEM KARTOFFEL-SCHMORGURKEN-GEMÜSE
Schlossbrauerei Fürstlich Drehna/ Gasthof Zum Hirschen, Seite 94

ZUTATEN FÜR 4 PERSONEN
1,5 kg Hirschrücken mit Knochen, 4 Riesengarnelen, 1 Bd. Wurzelgemüse, 1 Knollenfenchel, ½ Staudensellerie, 3 Flaschen Odin-Trunk (Honig Bier), 1 Flasche Himbeerbrause, 1 EL Malz, 1,2 kg Kartoffeln, 1 Gurke, 100 g getrocknete Tomaten, 100 g eingelegte Mammutoliven, 80 g Pinienkerne, 1 Dose Tomatenmark, 8 Kirschtomaten, 1 Bd. Thymian, 1 Bd. Rosmarin, 1 Knolle Knoblauch, 250 ml Rotwein, 250 ml Weißwein, Kartoffelstärke, Pflanzenöl, Olivenöl, 250 g Butter, Salz, Pfeffer, Zucker, Currypulver

ZUBEREITUNG
Ofen auf 180 °C Umluft vorheizen, Knochen vom Hirschrücken klein hacken, im Ofen für ca. 30–40 Minuten rösten.
Wurzelgemüse, Knollenfenchel, Staudensellerie, Knoblauch würfel, in einen breiten Topf geben und solange rösten, bis das Gemüse relativ weich ist. Tomaten kurz mitrösten, mit etwas Rotwein und 1 l Odin ablöschen, Flüssigkeit reduzieren. Wasser auffüllen, geröstete Knochen hinzugeben, solange köcheln und reduzieren lassen, bis die Sauce einen kräftigen Geschmack hat. Mit Salz, Pfeffer, Zucker würzen. 250 ml Odin auffüllen, Sauce durch ein Haarsieb gießen, mit Kartoffelstärke binden. Olivenöl leicht erhitzen, Tomaten anschwitzen, mit Thymian, Rosmarin, 2 Knoblauchzehen, Salz, Pfeffer, Zucker, Curry würzen, mit Weißwein und 500 ml Himbeerbrause ablöschen. 20 Minuten bei 110 °C in den Ofen schieben. Kartoffeln tournieren, ca. 10 Minuten bissfest kochen. Gurke halbieren, entkernen, in die gewünschte Form schneiden. Getrocknete Tomaten und Mammutoliven in Streifen schneiden. Hirschrücken in ca. 200-g-Steaks portionieren, Pflanzenöl in einer Pfanne erhitzen, die Steaks mit Malz, Salz, Pfeffer, Zucker würzen und von allen Seiten anbraten, auf ein Gitter legen. im Ofen bei 80 °C ca. 30 Minuten garen. Garnelen entdarmen und bis kurz vor der Schwanzspitze halbieren. Mit Salz, Pfeffer, Zucker würzen. Pinienkerne kurz rösten, Butter und Olivenöl hinzugeben, aufschäumen lassen, getrocknete Tomaten, Oliven, Kartoffeln, Gurke, Thymian, Rosmarin, Knoblauch hinzugeben und ca. 5 Minuten durchschwenken, dann die geschmorten Tomaten dazugeben.
Butter aufschäumen lassen, Thymian, Rosmarin, Knoblauch hinzugeben, Hirschsteak mit den Garnelen in der Butter-Kräuter-Mischung braten.

Nach dem Essen lockt ein Spaziergang durch die Spree-Idylle.

Störche haben die hohe Lebensqualität von Brandenburgs Nordwesten entdeckt

DER WESTEN
IDYLLE UND WILDNIS

Lebensraum sowie Rast- und Durchzugsgebiet für zahlreiche Vogelarten

So wie im Nordosten die Oder Brandenburg einen natürlichen Rahmen verleiht, so tut es die Elbe im Nordwesten. Die ehemaligen Grenzflüsse haben eines gemeinsam, sie sind eine der wenigen noch naturnahen Flüsse in Mitteleuropa. Der Mensch hat die Flusslandschaften einst bewacht, betreten hat er sie kaum. Und so sind an der Elbe, dem einzigen Sandstrom Deutschlands leuchtende Sandbänke, Flutrinnen, Altarme und knorrig-charmante Reste alter Auwälder verblieben. Weiträumige Überschwemmungsflächen, Wiesen und Weiden, ausgedehnte, ruhige Wälder, kleine Flüsse, Moore und Binnendünen bieten einzigartige Lebensräume. Für zahlreiche Vogelarten unter anderem Kraniche, Wildgänse und Kiebitze ist das breite Urstromtal der Flusslandschaft Elbe ein international bedeutsames Rast- und Durchzugsgebiet. Die UNESCO hat diesen Streifen Land als „Biosphärenreservat Flusslandschaft Elbe" erkannt und erklärt.

Hier, in der West-Prignitz haben auch die Störche die hohe Lebensqualität des Biosphärenreservats entdeckt und sind heimisch geworden. Mit weit über 100 Paaren bilden sie die größte Storchenansammlung in Deutschland. Besonders populärer „Sommer-Wohnsitz" von jährlich etwa 30 Braut- und Brutpaaren ist das „Europäische Storchendorf Rühstädt".

Wasser, Hügel, Vögel und berühmte Flieger prägen das südlich benachbarte Westhavelland. Das größte Großschutzgebiet im Land Brandenburg, der „Naturpark Westhavelland", ist einer der größten Binnenrastplätze nordischer Zugvögel. Als wollten sie ihrem bedeutenden Nachahmer, dem berühmten Flugpionier Otto Lilienthal, alljährlich ein lebendes Denkmal setzen, bevölkern Tausende von Gänsen und Schwänen, Kranichen, Enten und Schnepfenvögel die Region mit ihren zahlreichen Seen und im Frühjahr flach überstauten Wiesen. Mit den Vögeln kommen dann auch regelmäßig die Vogelliebhaber, die den Zug der lärmenden Scharen still beobachtend begleiten. Der Naturpark Westhavelland mit seiner Lebensader, der Havel, ihren Nebenflüssen und zahlreichen Seen gehört zu einer der gewässerreichsten Regionen Deutschlands. Der umweltfreundliche Wassertourismus ist hier ein besonderes Naturerlebnis.

Dem kulturgeschichtlich Interessierten bieten historische Bauten und technische Denkmäler im und um den Naturpark lohnende Ausflugsziele. Zum Beispiel die beeindruckenden Dombauten der Städte Brandenburg an der Havel oder das Optik- und Industriemuseum in Rathenow.

Was das Westhavelland an Wasser im Übermaß zu haben scheint, ist im „Naturpark Hoher Fläming" im Südwesten Brandenburgs eher Mangelware. Gehört doch diese Region zu den wasserärmsten Gebieten des Bundeslandes. Doch keine Sorge, die Natur hat alles im Griff. Denn trotz der Wasserarmut existiert im Fläming ein Netz glasklarer Bäche und Quellen, in denen sogar Bergmolch, Bachneunauge, Forelle und vereinzelte Vorkommen des Edelkrebses anzutreffen sind. Und in den Bachauen blühen obendrein die Orchideen.

Der Hohe Fläming zählt zu den ältesten Landschaften Brandenburgs. Ausläufer eiszeitlicher Gletscher lassen das Gelände zu sanften Hügeln ansteigen und dann zum Elbtal stark abfallen. Durch die unberührte Natur seiner ausgedehnten Wald- und Wiesenflächen und die geringe Besiedelung, die Wasserknappheit ließ immer nur Wenigen ein Auskommen, ist der Hohe Fläming ein ausgewiesenes Reinluftgebiet. Eines der letzten in Deutschland. Also: viel Platz für tiefes Durchatmen. Baden kann man ja schließlich auch woanders. Denken wir an das Westhavelland.

Wahrlich imposant sind die Riesensteine, die im Fläming gehäuft anzutreffen sind. Dem eiszeitlichen Wirken verdankt man ihr teils unverrückbares Erscheinungsbild, das zuweilen mit Abmessungen von faustgroß bis fast haushoch aufwartet. Ihre Häufigkeit macht den Fläming zu einer im wahrsten Sinne des Wortes steinreichen Gegend. Dabei erwähnenswert sind auch die vielen schönen Feldsteinkirchen im Naturpark.

Der hektische Kudamm, der hastige Alexanderplatz oder das von Touristen umlagerte Holländische Viertel in Potsdam, wer der gerade anstrengenden Stadt schnell entkommen möchte, hat es nicht weit. Gerade mal 20 Kilometer oder eine halbe Autostunde entfernt ist man in einer anderen Welt. Verträumte Alleen die einen an weiten Wiesen vorbei über kleine Feldwege zu einem stillen See führen. Darüber kreist majestätisch der Rotmilan. Herrlich! Diese Ruhe und ländliche Gelassenheit der Niederungslandschaft zwischen den Flüsschen Nuthe und Nieplitz trägt nicht umsonst den Namen „Naturpark Nuthe-Nieplitz". Überflutete Wiesen und naturnahe Bruchwälder erinnern an ursprüngliche Wildnis. Und hier sind sie zu Hause: imposante Greifvögel, wie der See- und Fischadler, der Baumfalke, Rohrweihe, der Rot- und Schwarzmilan. Sie haben ihre Horste im Naturpark. Und an so manchem See bekommen Vogelfreunde erneut feuchte Augen. So sind die Flachseen bei Stangenhagen Heimat für Gründel- und Tauchenten, für Wasser-, Bless- und Teichrallen. Am Blankensee trifft man verschiedene Rohrsängerarten, Blaukehlchen und Bartmeisen an. Sie bevölkern munter die sanft schwingenden Röhrichtgürtel, die hier eine Breite von bis zu 300 Meter erreichen.

Beeindruckender historischer Backsteinbau: Burg Belzig

DIE NATUR ALS NACHBAR

Hier gibt es immer frischen Fisch je nach Saison

Prignitzer Hechtklößchen
mit Kräutersauce und Salzkartoffeln
Das Rezept finden Sie auf Seite 132

Kommt man nach Abbendorf, glaubt man, man hätte mal eben unbemerkt 300 Kilometer weiter nach Norden zurückgelegt und ist mitten in einem schleswigschen Dorf gelandet. Roter Backstein prägt den Brandenburger Ort, der von saftigem Grün, weitem Himmelblau und fließend-glänzendem Wasser umschmeichelt wird.

Hier, wo unweit Elbe und Havel entspannt Bekanntschaft miteinander machen, wo der Elbradwanderweg das Naturschutzgebiet Elbtalaue sanft durchzieht, liegt der Landgasthof Dörpkrog an Diek. Und auch da ist er wieder, der norddeutsche Einfluss, der bis in diesen Ort reicht. Plattdüütsch: Der Dörpkrog. Klar. Das ist der Dorfkrug. Und an Diek? Das ist natürlich der Elbdeich, denn genau daneben befindet sich der kulinarische Mittelpunkt von Abbendorf.

In dieser einzigartigen Prignitzer Gastlichkeit sind zwei Dinge sehr bemerkenswert: der saisonal angebotene und sehr beliebte Knieperkohl und die frisch-frischen (ja, richtig gelesen!) Fischgerichte. Der hauseigene Fischer Wolfgang Schröder aus dem havelländischen Nachbarort Strodehne sorgt täglich für einen schmackhaften Fang. Gastwirtin Maika Srajer freut sich über ihre stets exklusive Speisekarte: „Viele Gäste rufen vorher an und fragen, welcher Fisch heute im Angebot ist." Je nach Saison sind Aale, Hechte, Zander, Barsche und auch Brassen im Angebot. Küchenchef Florian Völchner bereitet den Fisch mit großer Leidenschaft und Freude zu. Seine Spezialität sind die leckeren Hechtklößchen. „Die wolfe ich selbst", erzählt er und lächelt. Wolfen ist die Kurzform von „durch den Fleischwolf drehen".

So frisch wie der Fisch ist auch das Wild im Dörpkrog. Der befreundete Jäger von nebenan bringt es frei Haus. Und so schmeckt man in der ländlichen Küche des Dörpkrog an Diek die umliegende Natur durch und durch.

DÖRPKROG AN DIEK
Maika Srajer
*Am Deich 7, 19322 Abbendorf
Telefon 03 87 91 / 72 33
info@doerpkrog-an-diek.de
www.doerpkrog-an-diek.de*

CHARMANT ANDERS
Ideale Sommerfrische nicht nur für Besucher aus der Hauptstadt

Löwenzahnblütenmousse mit Limetten, Erdbeeren und Honigmelone
Das Rezept finden Sie auf Seite 132

Besucht man Kyritz, die verträumte Hansestadt in der Ostprignitz, trifft man am Marktplatz über diese Gedenktafel: „Dieser Stein erinnert an den 14.02.1842. Hier geschah um 10.57 Uhr NICHTS." Doch es passierte in Kyritz nicht immer nichts. Im Jahre 1906, also 64 Jahre später, geschah etwas Bedeutsames: die Grundsteinlegung einer Gastwirtschaft, die sich fortan bis über Berlin hinaus als Sommerfrische einen klangvollem Namen machte. Das Waldschlösschen Kyritz.

Mitten im Wald und nah am malerischen Untersee, hier, wo die Natur noch unentdeckt scheint, liegt das familiär geführte Kleinod. Das traditionsreiche Haus ist ein ideales Domizil für Gäste, die Stille und Entspannung in der freien Natur suchen.

In den gemütlichen Gaststuben oder unter den stattlichen Eichen des Biergartens kommen elegante Speisen auf den Tisch, die je nach Saison mit regionalem Wild und Fisch, Spargel, Kürbis und Pilzen zubereitet werden. Motto des Küchenchefs Jens Wodzinski-Schwarzer: „Hier lebt der neue Geschmack der Prignitzer Küche." Besondere Spezialitäten des engagierten Küchenmeisters sind seine hausgemachten Kräuterpasten und aromatisierten Sirups, die unter anderem aus selbst gepflückten Löwenzahn und Holunderblüten hergestellt werden.

Auf die professionelle und doch unaufdringliche Gastfreundlichkeit ihres Teams sind Yvonne und Jens Wodzinski-Schwarzer besonders stolz. „Vorleben ist das Beste", und so geben sie ihre langjährigen Erfahrungen in führenden Schweizer Hotels jeden Tag weiter. Ergebnis: „charmant anders!"

Wer Natur und das gute Essen länger erleben möchte, der mietet eines der 18 mit viel Liebe gestalteten und komfortabel ausgestatteten Zimmer.

WALDSCHLÖSSCHEN
Yvonne & Jens Wodzinski-Schwarzer
Seestraße 110, 16866 Kyritz
Telefon 03 39 71 / 3 07 80
info@waldschloesschen-kyritz.de
www.hotel-kyritz.de

DIREKT AM WASSER

Küche mit südeuropäischen Einflüssen am Ufer der Havel

Gebratener Havelzander mit
Beelitzer Stangenspargel und Schwenkkartoffeln
Das Rezept finden Sie auf Seite 133

Was vor fast 100 Jahren im Jahre 1913 zum 25. Regierungsjubiläum des Deutschen Kaisers, hier, inmitten der Stadt Rathenow, entstand, trennte Damen und Herren peinlichst genau voneinander: die Flussbadeanstalt am naturbelassenen Ufer der Havel. Bis heute erinnern zwei alte steinerne Steganlagen, eine für Frauen, eine für Männer, an die puristischen Zeiten von damals.

Doch die Zeiten haben sich geändert. Und so auch dieser historische Ort. Heute werden die beiden einzigen Überbleibsel der Badeanstalt durch eine langgestreckte Terrasse mit dem gemütlichen Biergarten miteinander verbunden. So dass Damen und Herren – nun gemeinsam – den attraktiven Wasserblick genießen können. Und nicht nur das. Das Havelrestaurant „Schwedendamm" verwöhnt auch mit einem mediterran-regionalen Speisenangebot. Küchenchef John Schach und sein motiviertes Team überraschen ihre Gäste immer wieder mit neuen Kreationen und wechselnden kulinarischen Köstlichkeiten, wie dem Havelländer Fischtopf.

Auf der Speisekarte ist der spanische Ursprung von John Schach unverkennbar. Seine südeuropäischen Einflüsse kombiniert er geschickt mit der regionalen Produktpalette. Zum Beispiel bei den in Knoblauchsud geschwenkten Garnelenspießen an Variationen von frischen Blattsalaten und feinem Hausdressing. Und auch die selbst gefertigten Olivenpasten und Antipasti sind selbstverständlich südeuropäisch geprägt. In Sachen Dessert gibt's ebenfalls Besonderes: Das hausgemachte Parfait, der Ofenschlupfer und das Erdbeertiramisu sind süße Spezialitäten des Hauses am Schwedendamm. „Essen heißt erleben", so die Devise des ambitionierten Küchenmeisters. John Schach möchte seine Gäste „einfach glücklich machen".

HAVELRESTAURANT SCHWEDENDAMM
John Schach
*Schwedendamm 7, 14712 Rathenow
Telefon 0 33 85 / 51 54 56
info@havelrestaurant-schwedendamm.com
www.havelrestaurant-schwedendamm.com*

KONDITORKUNST

Ingo Möhring begreift seinen Beruf als Kunst – zur Freude der Gäste

Sein Beruf ist ein kreativer Beruf, er sieht sein Handwerk als Kunstform. Daher nennt er sein Unternehmen auch „Condiart". Das Design seiner süßen Kreationen entwirft er mit dem Bleistift. Er zeichnet gern, so wie seine Vorfahren schon. Doch der Ursprung seines heutigen Wirkens war eine „normale" Bäcker- und Konditorlehre bei einem befreundeten Bäckermeister. Dabei hatte sein Vater selbst schon in dritter Generation eine in Rathenow angesehene Backstube. Diese ist mittlerweile über 100 Jahre alt. Und er ist jetzt der Chef.

Heute ist er Bäcker, Konditor und vor allem Chocolatier. Sein Lieblingselement ist die Schokolade. Den Umgang mit dem Schwarzen Gold erlernte er unter anderem auf Pariser Schokoladenseminaren. „Die Komponenten kennen und daraus Neues zaubern", das ist seine Welt. „Eine Spezialisierung führt dazu, Stärken herauszubilden, sein Handwerk zu vervollkommnen", ist der Condiartist überzeugt.

Ein Spezialgebiet ist die Produktion von individuellen Geburtstags-, Hochzeits-, Jubiläums- oder gar XXL-Torten, aber auch feine Schokoladen- und Marzipanpräsente. Bei der Entwicklung dieser Produkte greift er gern die speziellen Wünsche seiner Kunden auf. Zur Dekoration bildet der kreative Konditormeister zumeist Dinge oder Szenen des täglichen Lebens, der Arbeitswelt, aus der Freizeit oder aus der Natur nach. Diese ungewöhnlichen Tortenkreationen, jede ein Unikat, sind eine Freude für Auge und Gaumen.

Seine neueste Idee ist das „Meister-Mieting". Dabei kommt der quirlige Konditormeister zu jedem, dem leckere Dessert und süße Kreationen wichtig sind. „Meister Mieting" bietet einen für den Gastgeber entspannten Rundum-Service für Feste, Feiern, Events oder Jubiläen.

Bei all dem ist Ingo Möhring erfrischend authentisch. Man nimmt es ihm einfach ab, dass er es kann: Condiart. Die hohe Konditorkunst. Direkt aus dem Havelland.

Gebackene Erdbeeren auf Rhabarberpüree an Pumpernickel-Krokant-Eis
Das Rezept finden Sie auf Seite 133

MEISTER MÖHRING
Ingo Möhring
Göttliner Straße 56, 14712 Rathenow
Telefon 0 33 85 / 51 35 76
www.condiart.de

IM MITTELPUNKT STEHT DIE BIRNE
Fantasievolle Kreationen wie klassische Gerichte im Schlossrestaurant

Drei Dinge haben das wohlgepflegte Dorf bekannt, ja berühmt gemacht. Zunächst das Wirken um die Birne derer von Ribbeck seit dem Jahre 1237. Weiterhin die Großzügigkeit des Gutsherrn Hans-Georg von Ribbeck (1689-1759). Er schenkte seine Birnen gern den Kindern. Und natürlich die lyrische Aufmerksamkeit Theodor Fontanes, der dieser Großherzigkeit um den Segen spendenden Birnenbaum ein poetisches Denkmal setzte. Und wer kennt es nicht, das Gedicht vom „Herrn von Ribbeck auf Ribbeck im Havelland"?

Der alte Birnbaum, unter dem des Gutsherrn Wispern: „Wiste 'ne Beer?" noch lange zu hören gewesen sein soll, hat einen Sturm im Jahre 1911 nicht überstanden. Ein neuer Baum wurde im Jahre 2000 gepflanzt. Unweit dessen erhebt sich, wie aus einem Märchen, das 1893 errichtete Schloss Ribbeck, welches ehedem als Wohnsitz der gutsherrlichen Familie diente. Seit wenigen Jahren in alten Glanz erstrahlend, ist es ein Ort der Kunst und Kultur und des leiblichen Genusses. Im Schlossmuseum werden Einblicke in die Geschichte Ribbecks gegeben. Wechselnde Ausstellungen mit Werken zeitgenössischer Kunst begeistern das Publikum ebenso wie die Meisterkonzerte international renommierte Solisten und Ensembles.

Im Schlossrestaurant geht es ebenfalls meisterlich zu. Hier wird gehobene Gastlichkeit mit kulinarischer Geradlinigkeit gepaart. Die feine Küche von Normen Krai sieht sich der besonderen Tradition des Ortes verpflichtet und wartet mit fantasievollen Kreationen und ansprechenden Klassikern auf. Der tägliche Warenkorb beinhaltet vornehmlich heimische havelländische Produkte. So sind frischer Fisch aus Strodehne, Wild aus der Nachbarschaft, regionales Gemüse sowie die guten Ribbecker Landeier fester Bestandteil des Küchenplanes. Und natürlich die Birne. Ob als Gelee, Torte, Likör und Senf oder leckeres Tiramisu. Die Birne steht einfach mit Mittelpunkt - hier im „Schloss Ribbeck auf Ribbeck im Havelland".

Birnen–Karamell–Törtchen mit Campariragout und Tonkabohneneis-Kern
Das Rezept finden Sie auf Seite 134

SCHLOSS RIBBECK
Friedrich Höricke
*Theodor-Fontane-Straße 10, 14641 Nauen, OT Ribbeck
Telefon 03 32 37 / 8 59 00
schloss@ribbeck-havelland.de
www.schlossribbeck.de
schloss@ribbeck-havelland.de*

100 JAHRE & VIER STERNE

Frische Regionalgerichte im bezaubernden Schlossambiente

Schloss Kartzow hat eine wechselvolle Historie. 1912 auf den Grundfesten eines Rittergutes erbaut, erlebte es berauschende und bedrückende Zeiten. Der Berliner Spirituosenfabrikant Artur Gilka ließ das repräsentative Gutshaus in barocker Form errichten. Er produzierte in der anliegenden Brennerei aus Kartzower Kartoffeln und Rüben wohlschmeckende Liköre.

Nach Krieg und Nutzung als Umsiedlerquartier, Kinderheim und Sanatorium fiel das Schloss Ende der 1990er-Jahre, „am Ende seiner Kräfte", in einen tiefen Dornröschenschlaf. Moos und Efeu überwucherten und umrankten das historische Bauwerk liebevoll und hielten es so für die Nachwelt zusammen. Nach zehn Jahren „erholsamen" Schlafes erwarb Familie Sonntag das Schlossensemble und sanierte es denkmalgerecht. Fortan begann Schloss Kartzow mit frischem altem Charme zu erstrahlen und ließ doch gleichzeitig den Komfort der neuen Zeit mit bei sich einziehen.

Mittlerweile präsentiert sich das bezaubernde Schloss als Vier-Sterne-Hotel mit erstklassiger Gastronomie. In der Schlossküche bereitet Küchenchef Marcel Bartlick aus frischen regionalen Produkten kreative Speisen, die sich auf das Wesentliche konzentrieren, nämlich auf den besonderen Geschmack. So sind heimisches Wild, fangfrischer Fisch und nahes saisonales Gemüse fester Bestandteil seiner sich stetig erneuernden Karte.

Ein weiteres Highlight: Im barocken „Kleinen Gartensaal" des Herrenhauses befindet sich das Standesamt. Man kann in diesem märchenhaften Schlossambiente auch heiraten. Reservierung ist erforderlich, denn die historische Hochzeitskulisse ist äußerst begehrt: In dieser malerischen Landschaft, mitten im prachtvollen Schlosspark mit seinem altehrwürdigen Baumbestand und dem munterem Vogelgezwitscher lassen sich, unweit von Berlin und Potsdam, Natur, Entspannung und Genuss auf das Angenehmste verbinden.

Kalbssteak unter der Estragonkruste mit Spargel im Schinkenmantel, Kartoffel-Bärlauch-Püree und Sauce Choron *Das Rezept finden Sie auf Seite 134*

SCHLOSS KARTZOW
Ina Sonntag
An der Dorfstraße, 14476 Kartzow
Telefon 03 32 08 / 2 32 30
info@schloss-kartzow.de
www.schloss-kartzow.de

KULINARISCHE ENTDECKUNGEN

HAUTE CUISINE MAL ANDERS
Kulinarische Freuden im denkmalgeschützten Kleinod

Der Begriff Inspektor stammt aus dem lateinischen und bedeutet so viel wie Beschauer. Einer, der schaut, was andere tun. Er inspiziert. Der Beruf eines Inspektors war und ist ein hochangesehener. Zumeist gehobene Beamtenlaufbahn. So ist es sicher kein Zufall, dass im Brandenburger Inspektorenhaus nun eine gehobene Gastronomie Einzug gehalten hat, die stadt- und landesweit ihresgleichen sucht.

Küchenmeister Michael Zemlin hat aus dem denkmalgeschützten Kleinod gleich neben dem historischen spätgotischen Rathaus am Altstädtischen Markt einen Ort kulinarischer Freuden entstehen lassen. Sein Credo: regionale Produkte raffiniert zubereitet und zurückhaltend kalkuliert. Heißt: verführerische Speisen zu moderaten Preisen.

Gekocht wird deutsch mit mediterranem und französischem Einschlag und vielen Gewürzen und Kräutern. Damit aber nicht genug. Die Frau des Maître de Cuisine, Orawan Pomruang, eine Thailänderin, beherrscht das Kochhandwerk ebenfalls aufs Beste. Und so wird ab und an – der Rhythmus ist inspirationsbedingt – eine Woche lang typisch thailändisch gekocht. Mit Brandenburger Zutaten und exotischen Gewürzen. So kann man sich zumindest die lukullische Reise in den Fernen Osten – von Brandenburg bis Bangkok sind es immerhin rund 8.700 Kilometer – ersparen. Eine Dessertkarte gibt es nicht. Denn: Über die verführerischen Nachspeisen entscheidet täglich das frische Angebot an Obst auf dem Markt.

Das liebevoll restaurierte Fachwerkhaus bietet seinen Besuchern mit seinen Nischen im Innern eine behagliche und anheimelnde Atmosphäre. Im Sommer ist zudem ein kleiner Sommer-Hofgarten hinter dem Haus ein wunderbarer Ort zum genüsslichen Verweilen.

Genuss-Inspektor dieses liebevoll und sorgfältig geführten Feinschmecker-Restaurants zu sein ist eine feine Sache.

Rehrücken mit Heidelbeersauce, Spargel und Grießknödel
Das Rezept finden Sie auf Seite 135

INSPEKTORENHAUS
Michael Zemlin
*Altstädtischer Markt 9,
14770 Brandenburg a. d. Havel
Telefon 0 33 81 / 32 74 74
info@inspektorenhaus.de
www.inspektorenhaus.de*

RUSTIKALES AMBIENTE
Brasserie, Weinhandel und Pension in einem

Am Anfang war der Pinsel. Der Malpinsel von Kathrin Klemm. Sie und ihr Ehemann suchten ein geeignetes Atelier für ihre Kunstmalerei. Eine alte Scheune auf dem Hinterhof in der Brandenburger Straße in Werder war hervorragend geeignet, nur vielleicht etwas groß. Aber Lars Klemm hatte sofort eine Idee: einen Weinhandel. So geschah es. Atelier und Weinhandlung in entspannter Koexistenz. Doch die Weinhandlung wuchs und wuchs und wurde nach und nach zu einem Restaurant, einer typisch französischen Brasserie mit ausgewählten Speisen und feinen Veranstaltungen. Der umfangreiche Weinkeller hält mittlerweile rund 300 spannende Weinpositionen aus Deutschland, Frankreich, Italien und Spanien aber auch Überseeregionen vor, die begleitend zum Essen, aber auch zum Mitnehmen angeboten werden. Weinverkostungen sind selbstverständlich.

Das modern-rustikale Ambiente der Brasserie mit den unverputzten Ziegelsteinwänden, dem offenem Kamin und dem ruhigen Bier- und Weingarten zieht nun nicht mehr nur Weinliebhaber an. Die persönliche Betreuung der Gäste ist dem Wirtspaar Kathrin und Lars Klemm Aufgabe und Freude zugleich: „Wir sind Teil des Angebots, denn wir sind sehr gern Gastgeber!" Kulinarisch ist man beim Chef de Cuisine Tobias Pohlmann in besten Händen. Er führt den Kochlöffel in vorwiegend mediterraner Handschrift mit frischen Zutaten und viel Liebe und kreiert so international geprägte und ländlich regionale Gerichte. Dabei sind saisonale Einflüsse auf der häufig wechselnden Karte unverkennbar.

Wildkräutersalat mit gebratenem Lammkarree und Waldbeerenvinaigrette *Das Rezept finden Sie auf Seite 136*

Die gemütliche Pension im vorderen Teil des Hofes fand nun charmante Erweiterung in einem kleinen Hotel unweit des „Alfred & Otto". Im „Apfelhotel mit Streusel" wird das Restaurant Steakfisch (!), eine moderne Steakhaus-Küche nach amerikanischem Vorbild geboten, die gekonnt Fleisch mit Fisch kombiniert. Und bei Familie Klemm weiß man, Kombinationen funktionieren wunderbar: Weinhandel, Brasserie, Pension, Veranstaltungen – oder einfach Alfred & Otto!

ALFRED & OTTO
Kathrin Klemm
Brandenburger Straße 12, 14542 Werder (Havel)
Telefon 0 33 27 / 57 38 95
weinhandlung@alfrotto.com
www.alfrotto.com

GLÜCKLICHE STUNDEN
Kreative Regionalküche mit internationalen Einflüssen

Chili-Sauerrahm-Terrine mit
Schwarzer-Sesam-Quark-Eis
Das Rezept finden Sie auf Seite 136

„Uns gehört die Stunde. Und eine Stunde, wenn sie glücklich ist, ist viel." Theodor Fontane schrieb diese Zeilen. Er selbst war hier, am Ort des heutigen Landhotels, zu Gast. Das damalige Gebäude diente als Pfarrhaus den Ortschaften Gröben und Siethen. Fontane hat hier, so ist überliefert, ausgiebig im Kirchenbuch gelesen.

Wer heute eine glückliche Stunde verbringen möchte, dem sei das Landhotel Theodore F. empfohlen. Hier wird die Liebe zu traditioneller Kochkunst mit französischem Einfluss und eigener Inspiration gelebt.

Torsten Heine, Hotelier und Küchenchef, hat Freude an fantasievollen Kreationen, die Frische, Qualität und Regionalität in sich tragen. Lebensmittel aus biodynamischem Anbau und artgerechter Tierhaltung der benachbarten Produzenten sind für ihn selbstverständlich.

Im Theodore F. kommen keine alltäglichen Gerichte auf den Tisch. Hier entscheidet der aktuelle Warenkorb über das Ausmaß der stets trefflichen Speisekarte. „Was haben wir? Was kochen wir?" Das ist täglich aufs Neue die Frage, die im Team gestellt und mit besonderen Kreationen beantwortet wird. Dabei werden auch klassische Rezepte gern in ihre Bestandteile aufgelöst und neu interpretiert. Frische Kräuter spielen in der Aromenküche eine große Rolle. Torsten Heine ist stolz auf seinen japanischen Wasserpfeffer, auf den römischen Ampfer, den Blutampfer, den Baumspinat, Ananasminze und die vielen anderen grünen Geschmacksgeber in seinem Garten.

Sein Landhotel sieht er in einer Symbiose mit der nahen Natur. Wenn man auf der Terrasse sitzt, ist zuweilen nur der Wind, die Vögel, hin und wieder das Wiehern eines der Pferde auf der benachbarten Koppel oder das Krähen eines Gröbener Hahns zu hören. Diese Natürlichkeit korrespondiert mit den Speisen, dem Ambiente und dem Wirken des engagierten Personals. Diesen naturnahen Ort sollte man genießen. Eine Stunde. Oder eben mehr. Glücklich wird man hier auf jeden Fall!

LANDHOTEL THEODORE F.
Torsten Heine
Gröbener Dorfstraße 50
14974 Ludwigsfelde OT Gröben
Telefon 0 33 78 / 8 61 80
info@landhotel-theodore-f.de
www.landhotel-theodore-f.de

KULINARISCHE ENTDECKUNGEN

LIEBEVOLL UNPERFEKT
Verträumtes Ambiente in der ehemaligen Heilanstalt

Denkt man an Beelitz, kommt einem sofort ein Begriff in den Sinn: Heilstätten. Ja, Beelitzer Spargel natürlich auch. Neben dem Anbau des leckeren Wurzelgemüses steht Beelitz für einen der größten Krankenhauskomplexe vergangener Zeit. Um 1900 wurde hier, in einer waldgeprägten Naturlandschaft, eine der modernsten Lungenheilstätten für geplagte Berliner Patienten errichtet.

Seit der Wende fristeten nun viele dieser denkmalgeschützten Gebäude ein klägliches Dasein. So auch die Desinfektionsanstalt am Rand des Geländes. 1996 sollte Bauunternehmer Thomas Schielicke diese alte Ruine abreißen. Er brachte es nicht übers Herz, das Gebäude, an dem sein Großvater mitgebaut hatte, dem Erdboden gleich zu machen. Er entschied sich zur Sanierung. Auf eigene Faust. Das war die Geburtsstunde des Landhotels Gustav. So hieß übrigens der Großvater von Thomas Schielicke mit Vornamen.

Die liebevolle und verspielte Neugestaltung des Bauwerks schuf eine offen-verträumte Atmosphäre, in der man der umliegenden Natur des Beelitzer Stadtwaldes stets nah zu sein scheint. Erfrischende Gegensätze verleihen charmant-unperfektes Flair. In schlichter Industriearchitektur gehen zahlreiche Kunstgegenstände und Antiquitäten ein gelungenes Ensemble mit dekorativen Stahlträgern, Industriefenstern, beige-gelbem Mauerwerk und robusten Terrazzoböden ein.

Und auch das Speisenangebot bildet eine anregende Allianz aus beliebt regionalen und internationalen Gerichten. Dabei sind südostasiatische Einflüsse eine Spezialität von Hotelchef Winnie Kimmel. Sepia-Tagliatelle mit Räucherlachs oder Zitronengras-Garnelenspieß mit grünem Thaispargel und Sesam-Soja-Vinaigrette sind auf der Speisekarte entspannt vereint mit original Elsässer Flammkuchen oder Sülze vom Susländer Schwein. Das Landhotel Gustav – äußerst vielfältig!

Hausgebeizter Lachs im Crêpe mit Kräuterschmand und Forellenkaviar *Das Rezept finden Sie auf Seite 137*

LANDHOTEL GUSTAV
Gudrun & Winnie Kimmel
Paracelsusring 2, 14547 Beelitz-Heilstätten
Telefon 03 32 04 / 4 73 30
info@landhotel-gustav.de
www.landhotel-gustav.de

INTEGRATION IM BURGHOTEL
Unverfälschte Genüsse aus der Burgküche erfreuen die Gäste

Backsteinrot-leuchtend liegt die Burg Eisenhardt in der Sonne. Wehrhaft und einladend zugleich. Durchquert man den mittelalterlichen Pflastersteindurchgang des Torgebäudes spürt man ehrfürchtig, wie sich Geschichte über einen hernieder senkt. Wie viele Menschen unterschiedlichster Epochen waren durch diese Gasse wohl schon gegangen?

Der Burgberg mit seiner über 3000 Jahre alten Baugeschichte wurde umkämpft, wechselte die Herrscher, diente als Salzlager, wurde umgestaltet und restauriert. Mit ihren für die damalige Zeit „hypermodernen" Kanonentürmen gilt Burg Eisenhardt bis heute als einzigartiges Symbol früher sächsischer Festungsbaukunst.

Weitere Besonderheit: Hier spukt es. Zu mitternächtlicher Stunde soll im Burgmuseum eine Weiße Frau ihr Unwesen treiben. Die Burggrafentochter starb an Liebeskummer, weil ihr Auserwählter in voller Rüstung im Burgteich ertrunken war.

Weitaus realer und vor allem sehr gastfreundlich und genussvoll geht es im Burghotel und seinem Restaurant Wittgenstein zu. Das Hotel ist ein Integrationshotel. Hier arbeiten Menschen mit unterschiedlichsten Behinderungen unter der professionellen Anleitung von Hotelfachpersonal. Sie bringen ihren Gästen eine besondere Herzlichkeit und Unbefangenheit entgegen.

In der Burgküche bietet Chefkoch Dennis Modräger eine hochwertige Küche mit regionalen Produkten in internationaler Ausrichtung: „Wir kochen hier einfach geradeaus. Frisch und unverfälscht."

Tagsüber werden (rad-)wandernde Naturfreunde verköstigt. Zum Tagesausklang kann man à la carte auswählen. „Abends bringen die Gäste einfach Zeit mit", freut sich Hoteldirektor Hans Holstein. Auf der großzügigen Restaurantterrasse hoch über der Stadt, ist ein lauer Sommerabend mit der vorzüglichen Burgküche ein wahrlich wunderbares Erlebnis.

Entrecôte vom Kalb an Selleriecreme, geschmorten Perlzwiebeln und Kräuterseitlingen
Das Rezept finden Sie auf Seite 137

WITTGENSTEIN IM BURGHOTEL BAD BELZIG
Hans Holstein
Wittenberger Straße 14, 14806 Bad Belzig
Telefon 03 38 41 / 4 50 90
kontakt@burghotel-bad-belzig.de
www.burghotel-bad-belzig.de

IM MITTELPUNKT: DER GAST
Regionale Genüsse in einer historischen Mühle

Bardenitzer Rehkeule mit einer Art Arme Ritter von Semmelknödel *Das Rezept finden Sie auf Seite 138*

Es dreht sich. Unentwegt, gleichmäßig, romantisch – das Wasserrad an der Springbach-Mühle. Es ist das Markenzeichen der alten Mühle. Doch wer meint, das Wasserrad sei der Mittelpunkt dieses historischen Fachwerkhauses, liegt falsch. „Im Mittelpunkt steht der Gast", daran lässt Geschäftsführer Gabriel Muschert keinen Zweifel. „Beweglichkeit ist unser Kapital. Wir machen das möglich, was geht!"

Als Gast wird man hier geradezu aufgefordert, Wünsche unumwunden zu äußern. Wer ein Gericht probieren möchte, der probiert. Wer sehen möchte, wie etwas zubereitet wird, der kann in der Küche über die Schulter der Köche schauen. Denn Küchenchef Hans-Joachim Kalkofen liebt es, seine fast unerschöpfliche Küchenerfahrung weiter zu geben. Mit grenzenloser Kochleidenschaft zaubert er immer wieder Speisen, die dem Gast das Besondere bieten. Das fängt schon mit der Produktauswahl an: „Wir verarbeiten viele Erzeugnisse, die andere so nicht haben." So ist zum Beispiel der Bardenitzer Wildhandel ein ständiger Lieferant von frischem Wild.

Und so liest sich die Speisekarte: Unser wilder Sonntagsbraten (eine geschmorte Rehkeule), Zander auf bäuerliche Art oder Spring in den Mund (ein Saltimbocca vom Wildschweinmedaillon).

Einzigartig ist auch die Lage der Springbach-Mühle mitten in der Natur. Direkt am Springbach, in einem parkähnlichen Anwesen, liegt das geschichtsträchtige Haus. Erste urkundliche Erwähnungen stammen aus dem Jahre 1634. In der Mühlentradition rund um Belzig ruhend, war die Springbach-Mühle zunächst eine Ölmühle, dann Papiermühle bis sie später, im Jahre 1862, zur Mahl- und Schneidemühle umgebaut wurde. In den 90er Jahren „verliebten" sich Regina und Gabriel Muschert in das damals verfallene Gebäude und in die Idee, an diesem Ort einen naturnahen Hotel- und Restaurantbetrieb zu eröffnen. Im Mai 1998 war es soweit, die Springbach-Mühle öffnete ihre Tore. Und seitdem dreht es sich, das Wasserrad am Eingang. Unentwegt und sehr romantisch.

SPRINGBACH-MÜHLE BAD BELZIG
Gabriel Muschert
Mühlenweg 2, 14806 Bad Belzig
Telefon 03 38 41 / 62 10
info@springbachmuehle.de
www.springbachmuehle.de

KULINARISCHE ENTDECKUNGEN

AKUTE ERHOLUNGSGEFAHR
Raffinierte Landhausküche im liebevoll restaurierten Vierseithof

„Wer Ruhe sucht und gutes Essen, der sollte Lühnsdorf nicht vergessen!" So erinnert ein Besucher im Gästebuch an den liebevoll restaurierten Vierseithof mit der historischen Schmiede. Die romantische Hofanlage mit dem lauschigen Innenhof und ihrem weitläufigen Landschaftsgarten verschmilzt geradezu mit der umliegenden, herrlichen Landschaft des Hohen Fläming. Schon die Einfahrt nach Lühnsdorf lässt tief durchatmen und gemächlich in den ruhigen Rhythmus des Landlebens eintauchen.

Für die leiblichen Landhausküchen-Genüsse sorgt das Team um Küchenchef Dirk Krause. „Genial regional. Und dabei gesund genießen" ist sein Motto. Hier kommt Frisches aus dem Naturreichtum des Fläming und dem ländlichen Brandenburg auf den Tisch. Spezialitäten wie Wild aus den umliegenden Wäldern oder Fisch aus heimischen Gewässern, leckere Kartoffelgerichte aus der Flämingkartoffel raffiniert zubereitet, alles lädt zum Genießen ein. Die bunte Mischung auf der Karte wechselt jahreszeitlich mit dem Lauf der Natur. Und „was alle ist, ist alle", lächelt Dirk Krause. Seine konsequente Regionalität unterliegt eben auch Kapazitätsgrenzen.

Doch in der Alten Schmiede kann man nicht nur gesund genießen, hier kann man auch viel Gutes für Körper, Geist und Seele tun. Einfach vital sein. Das heißt im Landhaus entspannt lebendig sein, lebendig sein mit all seinen Sinnen. Entweder durch Rad- oder Wandertouren oder durch das Entdecken der eigenen Kreativität. Zum Beispiel beim Schmieden, Töpfern, Filzen oder Malen. Und das alles unter Anleitung von Künstlern und Handwerkern aus der Region.

Rosa gebratenes Lammkarree mit Bunte-Bohnen-Ragout und Ziegenkäsepolenta *Das Rezept finden Sie auf Seite 138*

„Hier, inmitten der Felder, Wiesen und Wälder, kann die Seele hervorragend baumeln", sagt Hotelmanagerin Melanie Ribatzke. Hier verbringt man eine unvergleichliche Zeit auf dem Land – aber Vorsicht: Erholungsgefahr!

LANDHAUS ALTE SCHMIEDE
Kaufmann & Götz GmbH
*Dorfstraße 13, 14823 Niemegk-Lühnsdorf
Telefon 03 38 43 / 92 20
flaeming@landhausalteschmiede.de
www.landhausalteschmiede.de*

REZEPTE

Prignitzer Hechtklößchen (l.) aus dem Dörpkrog am Diek, Löwenzahnblüten-Mousse vom Waldschlösschen

PRIGNITZER HECHTKLÖSSCHEN MIT KRÄUTERSAUCE UND SALZKARTOFFELN
Dörpkrog am Diek, Seite 106

ZUTATEN FÜR 4 PERSONEN
Für Prignitzer Hechtklößchen:
400 g frisches Hechtfilet, 200 g gekühlte Sahne, 100 g Grieß, 1 Zitrone, grobes Salz, ganzer bunter Pfeffer, frischer Thymian von 2 Stängeln, Sternanis

Für die Kräutersauce:
100 g Butter, 50 g Mehl, ½ Bd. Kerbel, ½ Bd. Petersilie, 250 ml Milch oder Gemüsebrühe, Salz, Pfeffer, Muskatnuss

Paprika, Kartoffeln, Salz

ZUBEREITUNG
Das Hechtfilet kalt abspülen und gut trockentupfen. Anschließend durch den Fleischwolf drehen. Die gekühlte Sahne dazugeben. Nun Salz, Pfeffer, Sternanis, Thymian und den Abrieb von der Zitrone in einen Mörser geben, zerkleinern und unter die Hecht-Sahnemasse heben. Den Grieß zügig unterrühren, dabei die Bildung von Klumpen vermeiden. Mit zwei Löffeln Nocken bzw. Klößchen abstechen, formen und in gesalzenem, nicht mehr kochendem (ca. 95 °C) Wasser für etwa 15 Minuten pochieren.
Für die Kräutersauce die Butter in einem Topf schmelzen lassen und das Mehl nach und nach einrühren. Goldbraun anschwitzen. Mit Milch oder mit der Gemüsebrühe ablöschen und für ca. 10 Minuten köcheln lassen. Anschließend mit Salz, frisch gemahlenem Pfeffer und frisch geriebener Muskatnuss abschmecken. Die Kräuter fein hacken und kurz vor dem Servieren zur Sauce dazugeben.

ANRICHTEN
Richten Sie drei bis fünf Hechtklößchen sternförmig in der Mitte eines Tellers an. Legen Sie jeweils eine Salzkartoffel dazwischen und geben Sie nun die Kräutersauce darüber. Garnieren Sie mit etwas frischem Kerbel und dünnen Paprikastreifen. Dazu passt ein frischer Salat.

LÖWENZAHNBLÜTENMOUSSE MIT LIMETTEN, ERDBEEREN UND HONIGMELONE
Waldschlösschen, Seite 108

ZUTATEN FÜR 6 PERSONEN
Löwenzahnhonig:
1 l Löwenzahnblüten, 1 l Wasser, 3 Zitronenscheiben, 1 kg Zucker ¼ Vanilleschote

Löwenzahnblütenmousse:
3 Limetten, 50 g Löwenzahnhonig, ½ Vanilleschote, 2 Eigelb, 150 ml Löwenzahnsirup, 500 g Magerquark, 2 Limetten, 5 Blatt Gelatine, 4 Eiweiß

ZUBEREITUNG
Die gewaschenen und von den Stengeln befreiten Blütenköpfe grob hacken. Zusammen mit den 0,5 cm dicken Zitronenscheiben, der Vanilleschote und dem Wasser aufkochen und zugedeckt 20 Minuten ziehen lassen. Anschließend durch ein gebrühtes Tuch gießen. Den Saft mit dem Zucker etwa 2,5 Stunden sanft einkochen lassen. Danach auf einem Teller eine Gelierprobe machen und diese kurz auskühlen lassen. Ist der „Honig" noch zu dünn, weiter einkochen. In gut getrocknete Gläser einfüllen und verschließen. Löwenzahnsirup entsteht, wenn man den Löwenzahnsaft nicht zu stark einkocht. Er sollte leicht dickflüssig bleiben.
Für die Löwenzahnblütenmousse die Gelatine in kaltem Wasser einweichen. Die Limettenschale mit einer Reibe abreiben. Etwas ausdrücken und den Saft beiseitestellen. Dann gründlich abschälen. Das Fruchtfleisch filetieren, klein würfeln und mit dem Löwenzahnhonig marinieren. Nun die Vanilleschote der Länge nach halbieren, das Mark ausschaben und mit dem Eigelb und dem Löwenzahnsirup vermischen. Im Wasserbad zu einer lockeren Creme aufschlagen. Vom Wasserbad nehmen und so lange weiter schlagen, bis die Creme abgekühlt ist. Nun den Quark vorsichtig untermischen. Den Abrieb der Limettenschale, den Limettensaft und die Limettenwürfel sowie die

Havelzander mit Spargel (l.) vom Havelrestaurant Schwedendamm, gebackene Erdbeeren von Meister Möhring

ausgepressten und leicht erwärmten Gelatineblätter zugeben. Alles gut vermischen. Aus dem Eiweiß steifen Schnee schlagen und sorgfältig mit der Creme vermengen. Die Löwenzahnblütenmousse mit frischen Früchten wie Erdbeeren und Honigmelone anrichten und servieren.

GEBRATENER HAVELZANDER MIT BEELITZER STANGENSPARGEL UND SCHWENKKARTOFFELN

Havelrestaurant Schwedendamm, Seite 110

ZUTATEN FÜR 4 PERSONEN

750 g Zander, 800 g Kartoffeln, 60 g Butter

Holländische Sauce:

*(ca. 400 ml für 4 Personen)
8 Eigelb, 500 g Butter, 30 g Schalotten, 4 EL Weißwein, 4 EL Spargelfond, Salz, weiße Pfefferkörner, Chili, Zitronensaft*

ZUBEREITUNG

Spargel schälen, Schalen mit Wasser bedecken und würzen mit etwas Zitrone, Salz, Butter und Zucker, Schalen einmal aufkochen. In diesem Fond den Spargel garen, je nach Belieben fest oder weich.
Kartoffeln schälen, in Spalten schneiden, abkochen.
Die Reduktion für die Sauce Hollandaise vorbereiten. In einem Topf Schalotten, Weißwein, Wasser und zerdrückte Pfefferkörner zum Kochen bringen, bis alles auf etwa ein Drittel der Flüssigkeitsmenge eingekocht ist (Reduktion). Diese dann durch ein Sieb geben und erkalten lassen. Danach Butter erhitzen und das obere Butterfett abschöpfen, die untere Molke im Topf wird nicht benötigt. Die Reduktion in einen Edelstahlaufschlagkessel geben, dazu die Eigelbe. Vorsichtig über dem Wasserbad aufschlagen und tröpfchenweise das Butterfett unter ständigem Schlagen dazugeben. Das Ei darf nicht zu hoch erhitzt werden, da es sonst stockt. Wenn die Emulsion vollgesogen ist, nach Belieben mit Zitronensaft, Salz, evtl. etwas Chili würzen.
Zander mit Salz und Pfeffer würzen, in Mehl wälzen und in der Pfanne mit etwas Öl braten, zuerst auf der Fleischseite, bis er goldbraun ist, danach auf der Hautseite zuende braten, damit diese schön kross wird.

GEBACKENE ERDBEEREN AUF RHABARBERPÜREE AN PUMPERNICKEL-KROKANT-EIS

Meister Möhring, Seite 112

ZUTATEN FÜR 6 PERSONEN

Rhabarberpüree:

500 g Rhabarber, 80 g Zucker, 1 Zimtstange, 1 Vanilleschote

Ausbackteig für die Erdbeeren:

120 g Mehl, 125 ml Milch, 1 EL Öl, 1 Eigelb, 1 EL Zucker, 1 Prise Salz, 1 Eiweiß, 2 TL Zucker, 12 Erdbeeren, Öl zum Ausbacken

Pumpernickel-Krokant:

8 EL brauner Zucker, 6 Scheiben Pumpernickel

ZUBEREITUNG

Rhabarber schälen, waschen und in Stücke schneiden. Mit wenig Wasser, Zucker und etwas von der Zimtstange sowie der ausgeschabten Vanilleschote in einem Topf solange dünsten, bis er noch „Biss" hat. Für die spätere Verzierung ein paar Stränge herausnehmen. Den Rest köcheln lassen, bis er zerfällt. Die Masse durch ein Sieb streichen.
Mehl, Milch, Öl und Eigelb glatt rühren. Zucker, Salz, Eiweiß zu Eischnee verarbeiten und unter den Teig heben. Erdbeeren waschen und auf einem Küchenpapier abtropfen lassen. Stiel dranlassen – sieht schöner aus und fasst sich besser an. Die Erdbeeren durch den Teig ziehen und in heißem Öl goldgelb ausbacken. Auf Küchenpapier abtropfen und mit Zimtzucker betreuen. Einen Topf ausbuttern und darin den Zucker zum Schmelzen bringen. Wenig bewegen! Wenn der gewünschte Karamellgrad erreicht ist, das zerbröselte Pumpernickel einstreuen und gut umrühren. Vorsichtig auf Backpapier gießen und erkalten lassen. Wenn es

REZEPTE

Birnen-Karamell-Törtchen (l.) Schloss Ribbeck, Kalbssteak mit Spargel (r.), Schloss Kartzow

hart ist, mit einem Gewicht zerstoßen. Vanilleeis in Kugeln portionieren und im Krokant wälzen. Mit einem Minzblatt verzieren.

ANRICHTEN

Rhabarberpüree in eine geeignete Schale als Grundlage füllen. Zwei gebackene Erdbeeren versetzt anlegen. Eine Kugel Pumpernickel-Krokant-Eis auf die andere Seite. Mit Minze und Zuckerspirale und den Rhabarberstücken verzieren.

BIRNEN-KARAMELL-TÖRTCHEN MIT CAMPARI-RAGOUT UND TONKA-BOHNEN-EIS-KERN
Schloss Ribbeck, Seite 114

ZUTATEN FÜR 4 PERSONEN
Kern:
*100 g Zucker, 15 g Butter,
150 g Sahne, 2 cl Birnenbrand,
3 Blätter Gelatine*
Für den Kern den Zucker karamellisieren, dann Butter unterrühren, nun die Sahne zugeben, zum Schluss die eingeweichte Gelatine unter die Masse rühren und in kleine Förmchen füllen und kalt stellen. In der Zwischenzeit einen Biskuit von ca. 0,5 cm Dicke backen. Wenn die Kerne fest geworden sind, aus der Form nehmen und wieder kalt stellen.

Mousse:
2 Eigelb, 400 g Birnenpüree, 6 Blätter Gelatine, 50 g Zucker, 4 cl Birnenbrand, 400 g geschlagene Sahne
Für das Mousse die Eigelb mit dem Zucker und dem Birnenpüree im Wasserbad aufschlagen bis eine cremige Masse entsteht, die eingeweichte Gelatine zugeben, unterrühren und im kalten Wasserbad bei gelegentlichem Umrühren abkühlen lassen bis die Masse leicht anzieht. Die geschlagene Sahne und den Birnenbrand unterheben. Das Mousse in eine Portionsform füllen und jeweils einen Kern in die Mitte geben, sodass der Kern nicht im Mousse versinkt. Zum Schluss einen Biskuitboden, der etwas kleiner ausgestochen ist als die Form, auf die Mousse mit dem Kern legen. Alles kalt stellen und fest werden lassen. Wenn das Mousse fest geworden ist, aus der Form nehmen und auf einem Kuchengitter erneut kalt stellen.

Schokoladenüberzug:
*100 ml Wasser, 120 g Zucker,
40 g Kakaopulver, 80 g Sahne,
4 Blätter Gelatine*
Wasser, Zucker, Kakaopulver und die Sahne aufkochen und die eingeweichte Gelatine darin auflösen. Dann das Ganze kalt stellen. Wenn es beginnt anzuziehen, wird damit das Mousse gleichmäßig überzogen.

Campari-Ragout:
*200 ml Weißwein, 150 ml Wasser,
60 g Zucker, 4 feste Birnen, 1 Scheibe Zitrone, 2 cl Campari, Stärke zum Abbinden*
Birnen schälen, entkernen und in kleine Würfel schneiden. Weißwein mit Wasser und Zucker aufkochen, Birnen dazugeben, weich kochen. Mit Stärke abbinden, die Zitronenscheibe zugeben. Abkühlen lassen. Den Campari unterrühren.

Eis-Parfait:
*5 Eigelb, 2 Eier, 100 g Zucker,
2 Tonkabohnen. 500 g geschlagene Sahne, 6 cl Birnenbrand*
Eigelb, Eier, Zucker und die geriebene Tonkabohne im Wasserbad zur cremigen Masse aufschlagen. Im Eiswasser kalt weiterschlagen und Sahne und Birnenbrand unterheben. Einfrieren.

KALBSSTEAK UNTER DER ESTRAGONKRUSTE MIT SPARGEL IM SCHINKENMANTEL, KARTOFFEL-BÄRLAUCH-PÜREE UND SAUCE CHORON
Schloss Kartzow, Seite 116

ZUTATEN FÜR 4 PERSONEN
Spargel im Schinkenmantel:
*4 Stangen grüner Spargel,
8 Stangen weißer Spargel,
4 Scheiben Landschinken*

Rehrücken mit Grießknödel vom Inspektorenhaus. Präferierte Produkte kommen aus der Umgebung

Kartoffel-Bärlauch-Püree:
*700 g Kartoffeln, 150 ml Milch,
100 g Sahne, 40 g Butter,
70 g Bärlauch, Salz, Muskat*

Kalbssteak:
*600 g Kalbsrücken (pariert),
40 g Estragon, 100 g Butter, 1 Eigelb,
40 g fein geriebenes Weißbrot*

Sauce Choron:
*3 Eigelb, 300 ml Weißwein, 2 Schalotten, 2 Pfefferkörner, ½ Lorbeerblatt,
150 g geklärte Butter, 1 TL Tomatenpüree, 1 Tomate, Tabasco, Salz*

ZUBEREITUNG

Backofen auf 180 °C vorheizen. Spargel schälen und in etwas Zitronensaft, Salz, Butter und Wasser kochen, bis er die gewünschte Konsistenz erreicht hat. Danach abtropfen lassen und in den Schinken einrollen. Nun von allen Seiten anbraten.
Kartoffeln schälen und kochen. Danach durch eine Kartoffelpresse geben und mit Milch, Sahne und der Butter vermischen, den Bärlauch mit etwas Sahne fein pürieren und ebenfalls unter die Kartoffeln geben, mit Salz und Muskat abschmecken.
Den Kalbsrücken zu Steaks schneiden. Mit Salz und Pfeffer würzen und von beiden Seiten anbraten. Für die Kruste die Butter schaumig schlagen, das Ei, den gehackten Estragon und das geriebene Weißbrot dazugeben und mit Salz und Pfeffer würzen. Diese Mischung auf die Steaks geben und im Ofen ca. 7 Minuten garen.
Für die Sauce Choron Weißwein, geklärte Butter, Schalotten, Pfefferkörner und Lorbeerblatt in einen Topf geben, aufkochen und zur Hälfte reduzieren. Etwas abkühlen lassen und dann mit dem Eigelb auf einem Wasserbad schaumig aufschlagen (bis ca. 65 °C). Tomatenpüree einrühren und die warme Butter langsam einlaufen lassen. Die in Würfel (ohne Haut) geschnittene Tomate dazugeben, mit Salz und etwas Tabasco abschmecken.

REHRÜCKEN MIT HEIDELBEERSAUCE, SPARGEL UND GRIESSKNÖDEL
Inspektorenhaus, Seite 118

ZUTATEN FÜR 4 PERSONEN
Grießknödel:
*200 ml Milch, 120 g Hartweizengrieß,
2 Eigelb, 100 g Lauch, Muskatnuss,
Butter*

Rehrücken:
*½ Rücken vom Reh, Wacholderbeeren,
3 Thymianzweige*

Spargel:
*1 kg Spargel, 30 g Mehl, 40 g Butter,
250 g Sahne*

Heidelbeersauce:
*100 g Zucker, 100 ml Rotwein,
1 Zimtstange, 120 g Heidelbeeren*

ZUBEREITUNG

Backofen auf 120°C vorheizen.
Die Milch mit Salz und etwas Muskatnuss würzen und aufkochen. Den Grieß unter Rühren einrieseln lassen und so lange rühren, bis der Grieß aufgequollen ist (ca. 5-8 Minuten). Die Eigelb und den fein gewürfelten Lauch unter die noch warme Milch arbeiten und abschmecken. Aus der Masse tischtennisgroße Knödel formen, in siedendem Salzwasser etwa 10 Minuten garen.
Den Rücken vom Reh mit Salz und Pfeffer würzen und in etwas aufschäumender Butter anbraten. Thymianzweige und angedrückte Wacholderbeeren zugeben und das Ganze in eine feuerfeste Form oder auf ein Blech legen. Das Fleisch im Ofen garen, bis seine Kerntemperatur 54°C beträgt, was etwa 15 Minuten dauert. Bei dieser Kerntemperatur ist das Fleisch perfekt rosa. Das Fleisch noch 5–10 Minuten in Alufolie eingepackt ruhen lassen und anschließend in 8–12 Stücke portionieren.
Für den Spargel die Stangen gut schälen und in gezuckertem Salzwasser kochen. Herausnehmen und in mundgerechte Stücke schneiden. Den Spargelsud aufbewahren. In einem Topf die Butter zerlassen und das Mehl hinzugeben. Gut durchschwitzen und mit der Sahne

REZEPTE

Wildkräutersalat mit Lammkarree (l.) von Alfred & Otto, Chili-Sauerrahm-Terrine mit Sesam-Quark-Eis aus dem Landhotel Theodore F.

ablöschen. Unter Rühren aufkochen und mit dem Spargelfond auf die gewünschte Konsistenz bringen. Die Spargelstücke zugeben und abschmecken. Den Zucker im Rotwein schmelzen und die Flüssigkeit mit einer Zimtstange einen Moment köcheln lassen. Die Heidelbeeren dazugeben. Aufpassen, dass sie nicht platzen! Kurz köcheln lassen, vom Herd nehmen und zugedeckt ziehen lassen.

WILDKRÄUTERSALAT MIT LAMMKARREE UND WALDBEERENVINAIGRETTE
Alfred & Otto, Seite 120

ZUTATEN FÜR 4 PERSONEN
1 kg Lammkarree, 4 Knoblauchzehen, 2 Rosmarinzweige, 2 Thymianzweige, ca. 250 ml Olivenöl, 1 TL Honig 200 g Wildkräutersalat bestehend aus Roter Senf, Spinat, Roter Mangold, Landkresse, Blüten vom Majoran, Zitronenthymian

Waldbeerenvinaigrette:
250 g Waldbeeren, 150 ml Sonnenblumenöl, 100 ml Balsamico-Bianco-Essig, 3 EL Blütenhonig, Salz

ZUBEREITUNG
Knoblauch schälen und grob zerkleinern, Rosmarin und Thymian grob zerkleinern. Vorbereitete Zutaten mit Olivenöl und Honig mischen, zusammen mit dem Fleisch in eine Schüssel geben. Einmal durchmischen und mit Folie bedeckt kühl stellen. Das Fleisch sollte mindestens 12 Stunden marinieren und dabei öfter gewendet werden. Die Waldbeeren in ein hohes Gefäß geben, Öl, Essig, Honig, 100 ml kaltes Wasser und etwas Salz dazugeben, alles glatt pürieren. Die Vinaigrette durch ein feines Sieb streichen, um alle kleinen Kerne zu entfernen. Abfüllen und kalt stellen. Den Wildkräutersalat gründlich waschen und trockenschleudern. Die Lammkarrees kurz anbraten und mit Steakpfeffer nachwürzen.

CHILI-SAUERRAHM-TERRINE MIT SCHWARZER-SESAM-QUARK-EIS UND RHABARBERRAGOUT
Landhotel Theodore F., Seite 122

ZUTATEN FÜR 4 PERSONEN
Chili-Sauerrahm-Terrine:
3 Blatt Gelatine, 180 g saure Sahne, 380 g Sahne, 2–3 EL Puderzucker, 1 TL Orangenlikör, 1 Msp. Vanillemark, 1 Prise Chiliflocken, 1 TL Orangenschale, 1 Stück Zimtrinde

Gelatine in kaltem Wasser einweichen, saure Sahne in eine Schüssel geben, 180 g von der Sahne dazugeben, den Rest steif schlagen und kalt stellen. Den Puderzucker über die Sahne streuen, Orangenlikör erwärmen und die eingeweichte Gelatine darin auflösen. Vanillemark, Chiliflocken und Orangenschale dazugeben, etwas Zimt darüberreiben und alles unter die Sahne heben. Danach die geschlagene Sahne unterziehen und die Creme in Gläser füllen. Kalt stellen.

Schwarzer-Sesam-Quark-Eis:
40 g schwarzer Sesam, 150 g Zucker, 100 ml Zitronensaft, 1 Stück Zitronenschale, 50 g Glukose, 160 ml Milch, 500 g Quark

Sesam anrösten, Zucker und Zitronensaft zufügen, Zitronenschale reiben und zufügen, Glukose und Milch zufügen und alle Zutaten zusammen aufkochen. Danach die Masse abkühlen lassen. Den Quark unter die Masse ziehen und in der Eismaschine auf die gewünschte Konsistenz frieren lassen. Oder im Tiefkühler einfrieren.

Rhabarberragout:
400 g Rhabarber, 100 g Zucker, 50 g Vanillezucker, 125 ml trockener Weißwein

Rhabarber schälen, Schalen und Abschnitte aufbewahren. Rhabarber in kleine Würfel schneiden, Zucker im heißen Topf karamellisieren, dann Schalen und Abschnitte hinzufügen. Vanillezucker, Weißwein und 125 ml Wasser hinzufügen, alles zu einem Sirup einkochen. Danach absieben, die Rhabarberwürfel in den Sirup geben, gar ziehen lassen.

Lachs im Crêpe (l.) vom Landhotel Gustav, Entrecôte vom Kalb aus dem Restaurant Wittgenstein

ANRICHTEN

Süße Brösel in die Tellermitte streuen. Links und rechts davon das Rhabarberragout anrichten. Das Gläschen mit der Chili-Sauerrahm-Terrine auf ein Minzblatt setzen und mit Chililikör auffüllen. Zum Schluss das Schwarzer-Sesam–Quark-Eis in die Mitte auf die Brösel setzen. Mit Blüten und verschiedenen Fruchtcoulis ausgarnieren.

HAUSGEBEIZTER LACHS IM CRÊPE MIT KRÄUTERSCHMAND UND FORELLENKAVIAR
Landhotel Gustav, Seite 124

ZUTATEN FÜR 4 PERSONEN
Der Lachs muss zwei Tage im Kühlschrank gebeizt werden!
Für die Beize:
Saft und Schale von 1 unbehandelten Orange, Schale von 1 unbehandelten Zitrone, 300 g Dill, 100 g Petersilie, 1 EL Senfkörner, 1 EL Korianderkörner, 1 TL Wacholderbeeren, 20 g Salz, 2 EL Zucker, 800 g Lachsfilet (mit Haut, ohne Gräten), 2 EL Olivenöl

Für die Crêpes:
4 dünne Crêpes (herzhaft, ohne Zucker), ca. 25 cm ø, 4 EL Schmand, ½ Bd. Petersilie, Salz, Pfeffer, Forellenkaviar

ZUBEREITUNG

Zitronen- und Orangenschale zu Zesten verarbeiten. Dill und die Petersilie grob hacken und mit den übrigen Zutaten für die Beize vermischen. Lachsfilet mit der Hautseite nach unten in eine Form legen und die Beize darüber verteilen, mit Olivenöl beträufeln. Mit Frischhaltefolie abdecken und 24 Stunden im Kühlschrank ziehen lassen. Danach den Lachs wenden und weitere 24 Stunden ziehen lassen. Crêpes nach bekanntem Rezept backen. Schmand salzen, pfeffern, mit Petersilie vermischen und glatt rühren. Lachs in dünne Tranchen schneiden. Crêpes mit jeweils 1 EL Kräuterschmand bestreichen mit Lachsstreifen belegen. Aus dem Crêpe eine Rolle formen und schräg in drei Teile schneiden. Jeweils mit ca. 1 TL Forellenkaviar dekorieren.

ENTRECÔTE VOM KALB AN SELLERIECREME, GESCHMORTEN PERLZWIEBELN UND KRÄUTERSEITLINGEN
Wittgenstein im Burghotel Bad Belzig, Seite 126

ZUTATEN FÜR 4 PERSONEN
800 g Kalbsentrecôte (alternativ kann es vom Ochsen sein), 1 kg Knollensellerie, 500 g Perlzwiebeln, 500 g Kräuterseitlinge (alternativ Pfifferlinge oder Steinpilze), 50 g Pinienkerne, 500 ml dunkler Kalbsfond, Salz, Pfeffer, Muskatnuss, 50 g Zucker, 30 ml Weißweinessig, 200 g Sahne, 200 ml roter Portwein, Petersilie, Butter

ZUBEREITUNG

Den Backofen auf 150 °C vorheizen. Das Entrecôte in ca. 200 g schwere Scheiben schneiden. Die Perlzwiebeln pellen. Die Pilze je nach Größe vierteln oder halbieren. Pinienkerne ohne Öl in einer Pfanne anrösten. Den Sellerie putzen und in kleine Würfel schneiden. Die Petersilie hacken.
Sellerie in gesalzenem Wasser sehr weich kochen, Wasser abgießen und den Sellerie im Topf unter ständigem Rühren ausdampfen lassen. Die Sahne zugeben und alles fein pürieren. Dann mit Salz, Pfeffer und Muskat abschmecken.
Den Zucker im Topf leicht karamellisieren lassen, zuerst die Perlzwiebeln, dann den Essig zugeben, mit dem Portwein ablöschen und etwas reduzieren lassen. Dann den Kalbsfond zugeben und bei geschlossenem Topf und kleiner Flamme die Zwiebeln weich schmoren. Mit Salz und Pfeffer abschmecken und etwas kalte Butter zur Bindung einrühren.
Das Entrecôte scharf anbraten und im Ofen rosa garen. Die Kräuterseitlinge in der Pfanne anbraten, mit Salz, Pfeffer und etwas Butter abschmecken. Dann Pinienkerne und Petersilie dazugeben.

REZEPTE

Geschmorte Rehkeule (l.) aus der Springbach-Mühle, Lammkarree mit Ziegenkäsepolenta (r.) vom Landhaus Alte Schmiede

BARDENITZER REHKEULE GESCHMORT MIT TRAUBEN UND WACHOLDER, APFEL-ROTKRAUT, GEBRATENE BIRNE UND EINE ART SEMMELKNÖDEL-ARME-RITTER

Springbach-Mühle, Seite 128

ZUTATEN FÜR 4 PERSONEN

Rehkeule mit Knochen (1,2 kg), 200 ml Rapsöl, 600 g Mirepoix (Röstgemüse), 500 ml Wildbrühe, 500 ml Traubensaft, Mehl zum Binden, Salz, weißer Pfeffer, Abrieb von 1 Orange, 4 Wacholderkörner, 3 Lorbeerblätter, 600 g Rotkohl, 5 g Salz, 10 g Zucker, 1,5 EL Apfelessig, 40 g Schmalz vom Wild, 1 süßer Apfel, Gewürzbeutel (2 Nelken, ¼ Stange Zimtrinde, bunte Pfefferkörner, 2 Lorbeerblätter), 1 EL Apfelgelee, 1 Kartoffel, 600 g trockene Brötchen, 200 g getrocknete Aprikosen, 200 ml Milch, 60 g Zwiebelwürfel, 20 g Butter, 4 EL Butterschmalz, 1,5 Eier, 100 g Semmelmehl, Petersilie, Salz, Muskat, 2 Birnen, 1 EL Butterschmalz, 1 TL Zucker

ZUBEREITUNG

Rehschmorbraten:
Den Backofen auf 120 °C vorheizen. Rehkeule mit Salz und Pfeffer würzen, in Rapsöl anbraten, Röstgemüse dazugeben, Farbe nehmen lassen. Mit Wildbrühe und Traubensaft ablöschen, auf zwei Drittel reduzieren, Grobgewürze und Orangenabrieb dazugeben. Fond mit Rehkeule im Ofen ca. 120 Minuten schmoren. Saucenfond passieren und danach mit Mehl binden.

Rotkohl:
Kohl vierteln, Strunk herausschneiden, in feine Streifen schneiden. Schmalz zerlassen, Zwiebelwürfel anschwitzen, Kohl dazugeben, erhitzen. Zucker, Salz, Essig, Apfelspalten, evtl. Wasser dazugeben, gut vermengen, Gewürzbeutel einlegen. Kohl abdecken, bei mäßiger Hitze dünsten, öfters umrühren. Wenn der Kohl gar ist, die Flüssigkeit mit fein geriebener Kartoffel binden. Apfelgelee unterheben.

Semmelknödel:
Brötchen in 1 cm große Würfel schneiden, die Hälfte in Butter anrösten, den Rest dazugeben. Milch erwärmen und über die Würfel gießen. 20 Minuten einweichen lassen. Ei und restliche Zutaten zufügen, würzen, 30 Minuten ruhen lassen. Masse in Dreieckform abfüllen, im siedenden Wasserbad 40 Minuten ziehen lassen. Nach Erkalten in 1 cm dicke Scheiben schneiden. Mit Ei und Semmelmehl panieren, in Butterschmalz ausbraten. Birnen achteln, mit Zucker und Butterschmalz braten.

ROSA GEBRATENES LAMMKARREE MIT BUNTE-BOHNEN-RAGOUT UND ZIEGENKÄSEPOLENTA

Landhaus Alte Schmiede, Seite 130

ZUTATEN FÜR 4 PERSONEN

4 Lammkarree, 4 Knoblauchzehen, 120 g Kidney- und Prinzessbohnen, 120 g weiße Bohnenkerne, 4 Schalotten, 100 g Parmesan, 40 g rohen Schinken, 200 ml Milch, 100 g Sahne, 50 g Butter, 80 g Maisgrieß, 120 g Ziegenweichkäse, Thymian, Rosmarin, Bohnenkraut, Salz, Pfeffer, Kurkuma

ZUBEREITUNG

Den Backofen auf 175 °C vorheizen. Das Lammkarree von Sehnen befreien, mit Pfeffer und Salz würzen und zu einer Krone binden. In die Krone einige Zweige Thymian und Rosmarin sowie Knoblauch stecken. Die Schalotten schälen und würfeln. Den Schinken würfeln. Schalotten und Schinken in Butter anschwitzen. Kidney- und Prinzessbohnen sowie Bohnenkerne in heißem Wasser blanchieren. Die blanchierten Bohnen dazugeben und mit Pfeffer, Salz und Bohnenkraut würzen. Milch, Sahne, Kurkuma und Butter aufkochen und den Maisgrieß einrieseln lassen bis er andickt. Nun den zerkleinerten Ziegenweichkäse unter den heißen Maisgrieß heben. Alles in eine Form geben, auf einer Höhe von 2 cm glattstreichen und im Kühlschrank 20 Minuten kalt stellen. Dann beliebige Formen ausstechen.
Das Lammkarree anbraten und im Ofen 15 Minuten medium garen lassen. Die Maisgrieß-Formen mit Parmesan bestreuen und 8 Minuten im Ofen backen.

Imposanter Backsteinbau: das Rathaus von Brandenburg

Inmitten lieblicher Landschaft: Schloss Rühstädt

ADRESSVERZEICHNIS

A

ALFRED & OTTO 120
Kathrin Klemm
Brandenburger Straße 12
14542 Werder (Havel)
Telefon 0 33 27 / 57 38 95
weinhandlung@alfrotto.com
www.alfrotto.com

ALTE KLOSTERSCHÄNKE 36
CHORIN
Thomas Lenz
Am Amt 9
16230 Chorin
Telefon 03 33 66 / 53 01 00
info@alte-klosterschaenke-chorin.de
www.chorin.de

AM ALTEN RHIN 32
Britta Krsynowski
Friedrich-Engels-Straße 12
16827 Alt Ruppin
Telefon 0 33 91 / 76 50
www.hotel-am-alten-rhin.de

C

CAFÉ WILDAU HOTEL & 38
RESTAURANT AM WERBELLINSEE
Caren von Hertzberg
Wildau 19
16244 Schorfheide OT Eichhorst
Telefon 03 33 63 / 5 26 30
info@cafe-wildau.de
www.cafe-wildau.de

COLDEHÖRN WEIN & KÄSE 40
Charlotte und Norbert Stolley
Im Scheunenviertel Scheunenweg 30
16766 Kremmen
Telefon 03 33 55 / 2 00 04
coldehoern@t-online.de
www.coldehoern.de

D

DER BUTT 60
Kerstin und Alexander Wendland
Gutenbergstraße 25
14467 Potsdam
Telefon 03 31 / 2 00 60 66
www.der-butt.de

DER SEEHOF 26
Kathrin und Daniel Pfeiffer
Seestraße 18
16831 Rheinsberg
Telefon 03 39 31 / 40 30
info@seehof-rheinsberg.de
www.seehof-rheinsberg.de

DÖRPKROG AN DIEK 106
Maika Srajer
Am Deich 7
19322 Abbendorf
Telefon 03 87 91 / 72 33
info@doerpkrog-an-diek.de
www.doerpkrog-an-diek.de

F

FEINKOSTINSEL AM 76
MÄRKISCHEN MEER
Jean-Pierre & Anne-Katrin Pothier
Seestraße 9
15526 Bad Saarow
Telefon 03 36 31 / 64 70 10
Fax 03 36 31 / 64 70 11
info@feinkostinsel-badsaarow.de
www.feinkostinsel-badsaarow.de

FISCH-HAUS 84
Matthias Gödicke
Am Kleinen Glubigsee 31
15864 Wendisch Rietz
Telefon 03 36 79 / 7 50 73
Fax 03 36 79 / 7 51 09
aalhof.goedicke@t-online.de
www.fischhaus-goedicke.de

H

HAVELRESTAURANT 110
SCHWEDENDAMM
John Schach
Schwedendamm 7
14712 Rathenow
Telefon 0 33 85 / 51 54 56
info@havelrestaurant-
schwedendamm.com
www.havelrestaurant-
schwedendamm.com

HONIG-SPEZIALITÄTEN- 34
RESTAURANT „IMMENSTUBE"
Thomas Lenz
Neue Klosterallee 10
16230 Chorin
Telefon 03 33 66 / 5 01 40
hotel@chorin.de
www.chorin.de

I

INSPEKTORENHAUS 118
Michael Zemlin
Altstädtischer Markt 9

Rindersülze mti Bratkartoffeln und Remouladensauce

ADRESSVERZEICHNIS

14770 Brandenburg a. d. Havel
Telefon 0 33 81 / 32 74 74
info@inspektorenhaus.de
www.inspektorenhaus.de

IN VINO 56
WEINE BRÄNDE FEINE KOST
André Zibolsky
Dortustraße 61
14467 Potsdam
Telefon 03 31 / 2 80 05 01
mail@in-vino-potsdam.de
www.in-vino-potsdam.de

L

LANDHAUS ALTE SCHMIEDE 130
Kaufmann & Götz GmbH
Dorfstraße 13
14823 Niemegk-Lühnsdorf
Telefon 03 38 43 92 20
flaeming@landhausalteschmiede.de
www.landhausalteschmiede.de

LANDHOTEL GUSTAV 124
Gudrun und Winnie Kimmel
Geschäfteführer:
Paracelsusring 2
14547 Beelitz-Heilstätten
Telefon 03 32 04 / 4 73 30
info@landhotel-gustav.de
www.landhotel-gustav.de

LANDHOTEL THEODORE F. 122
Torsten Heine
Gröbener Dorfstraße 50
14974 Ludwigsfelde OT Gröben
Telefon 0 33 78 / 8 61 80
info@landhotel-theodore-f.de
www.landhotel-theodore-f.de

LANDGASTHOF ZUM GRÜNEN 90
STRAND DER SPREE
Susanne Du Chesne & René Kowatsch
Dorfstraße 53
15910 Schlepzig
Telefon 03 54 72 / 66 20
spreewaldbrauerei@t-online.de
www.spreewaldbrauerei.de

LEWY WEIN-BISTRO 58
Jens Lindner
Dortustraße 17
14467 Potsdam
Telefon 03 31 / 2 00 88 02
info@lewy-potsdam.de
www.lewy-potsdam.de

M

MEISTER MÖHRING 112
Ingo Möhring
Göttliner Straße 56
14712 Rathenow
Telefon 0 33 85 / 51 35 76
www.condiart.de

MÜHLE TORNOW 30
Christian Schneider
Neue Straße 1
16798 Fürstenberg, OT Tornow
Telefon 03 30 80 / 40 48 50
info@muehle-tornow.de
www.muehle-tornow.de

R

RESTAURANT 1900 80
LANDHAUS ALTE EICHEN
Jörn Peters

Alte Eichen 21
15526 Bad Saarow
Telefon 03 36 31 / 4 30 90
info@landhaus-alte-eichen.de
www.landhaus-alte-eichen.de

RESTAURANT FISCHERKEHLE 42
Reinhard Habo
Am Fischerberg 7
15377 Buckow / Märkische Schweiz
Telefon 03 34 33 / 3 74
Fischerkehle-Buckow@t-online.de
www.restaurant-fischerkehle.de

RESTAURANT PARK-CAFÉ/ 78
THEATER AM SEE
Guido Haß
Seestraße 22
15526 Bad Saarow
Telefon 03 36 31 / 86 83 23
info@restaurant-park-cafe.de
www.restaurant-park-cafe.de

RESTAURANT VILLA AM SEE 82
IM SPORT & SPA RESORT
A-ROSA SCHARMÜTZELSEE
Carsten Willenbockel
Parkallee 1
15526 Bad Saarow
Telefon 03 36 31 / 6 26 70
scharmuetzelsee@a-rosa.de
www.a-rosa.de/scharmuetzelsee

ROSALIENHOF 22
Familie Westphal
Chaussee 4
17279 Lychen, OT Beenz
Telefon 03 98 88 / 20 06
info@rosalienhof-beenz.de
www.rosalienhof-beenz.de

Mit gastronomischer Geschichte: der Rosalienhof in Beenz

ADRESSVERZEICHNIS

S

SCHECHERT'S HOF 44
Wolfgang Schalow
Dorfstraße 35
15306 Vierlinden, OT Marxdorf
Telefon 03 34 70 / 49 50
info@schechertshof.de
www.schechertshof.de

SCHLOSSBRAUEREI 94
FÜRSTLICH DREHNA
Dipl.-Ing. Arno Schelzke
Lindenplatz 10
15926 Luckau, OT Fürstlich Drehna
Telefon 03 53 24 / 3 03 30
mail@schlossbrauerei-fuerstlich-drehna.de
www.schlossbrauerei-fuerstlich-drehna.de

SCHLOSSHOTEL RHEINSBERG 28
Katrin & Daniel Pfeiffer
Seestraße 13
16831 Rheinsberg
Telefon 03 39 31 / 3 90 59
info@schlosshotel-rheinsberg.de
www.schlosshotel-rheinsberg.de

SCHLOSS KARTZOW 116
Ina Sonntag
An der Dorfstraße
14476 Kartzow
Telefon 03 32 08 / 2 32 30
info@schloss-kartzow.de
www.schloss-kartzow.de

SCHLOSS RIBBECK 114
Friedrich Höricke
Theodor-Fontane-Straße 10
14641 Nauen, OT Ribbeck
Telefon 03 32 37 / 8 59 00
schloss@ribbeck-havelland.de
www.schlossribbeck.de
schloss@ribbeck-havelland.de

SCHUKURAMA 86
Ralf Schulze
Bahnhofstraße 14a
15848 Beeskow
Telefon 0 33 66 / 1 52 04 71
info@schukurama.de
www.schukurama.de

SPREEWALDINI 92
Dr. Torsten Römer
Dorfstraße 56
15910 Schlepzig
Telefon 03 54 72 / 65 91 42
spreewaldbrennerei@t-online.de

SPRINGBACH-MÜHLE
BAD BELZIG 128
Gabriel Muschert
Mühlenweg 2
14806 Bad Belzig
Telefon 03 38 41 / 62 10
info@springbachmueble.de
www.springbachmueble.de

W

WALDSCHLÖSSCHEN 108
Yvonne und Jens Wodzinski-Schwarzer
Seestraße 110
16866 Kyritz
Telefon 03 39 71 / 3 07 80
info@waldschloesschen-kyritz.de
www.hotel-kyritz.de

WASSERWELT 88
Ralf Schulze
Spreeinsel 7
15848 Beeskow
Telefon 0 33 66 / 1 52 04 17
www.wasserwelt-beeskow.de

WIRTSHAUS ZUR
KLOSTERMÜHLE 24
Helge Leopold
Mühlenweg 5
17268 Boitzenburger Land
Telefon 039889 / 86960
Helge.Leopold@t-online.de
www.zur-klostermueble.de

WITTGENSTEIN 126
BURGHOTEL BAD BELZIG
Hans Holstein
Wittenberger Straße 14
14806 Bad Belzig
Telefon 03 38 41 / 4 50 90
kontakt@burghotel-bad-belzig.de
www.burghotel-bad-belzig.de

Z

ZUR HISTORISCHEN MÜHLE 62
Thomas Prange
Zur historischen Mühle 2
14469 Potsdam
Telefon 03 31 / 28 14 93
restaurant.potsdam-sanssouci@moevenpick.com
www.moevenpick-restaurants.com

Wildromantisch: die historische Mühle am Springbach in Bad Belzig

Ideal für Wasserwandern per Hausboot: die Havel bei Brandenburg

REZEPTVERZEICHNIS

B

BARDENITZER REHKEULE GESCHMORT MIT TRAUBEN UND WACHOLDER, APFELROTKRAUT, GEBRATENE BIRNE UND EINE ART SEMMELKNÖDEL-ARME-RITTER — *138*

BEELITZER SPARGEL MIT SÜDTIROLER SCHINKENSPECK, GRATINIERT MIT BERGKÄSE, BRENNESSELGNOCCHI, KARAMELLISIERTE KIRSCHTOMATEN UND BOZENER SAUCE — *64*

BIRNEN–KARAMELL–TÖRTCHEN MIT CAMPARI-RAGOUT UND TONKABOHNEN-EIS-KERN — *134*

BUTTERMILCH-KREBSSCHWANZ-TERRINE MIT BRENNNESSELPESTO — *96*

C

CHILI-SAUERRAHM-TERRINE MIT SCHWARZER-SESAM-QUARK-EIS UND RHABARBERRAGOUT — *136*

D

DUETT VON KANINCHEN UND HASE IM BÄRLAUCH-SCHINKEN-MANTEL, AUF SAUTIERTEN PREISELBEER-ZUCKERSCHOTEN UND EINEM KARTOFFELBAUMKUCHEN — *99*

DUETT VON ZANDER UND GARNELE MIT SAUTIERTEN PFIFFERLINGEN UND PETERSILIENWURZELPÜREE — *99*

E

ENTRECÔTE VOM KALB AN SELLERIECREME, GESCHMORTEN PERLZWIEBELN UND KRÄUTERSEITLINGEN — *137*

F

FRISCHKÄSEKUCHEN — *46*

G

GEBACKENE ERDBEEREN AUF RHABARBERPÜREE AN PUMPERNICKEL-KROKANT-EIS — *133*

GEBRATENER GLUBIGSEE-HECHT AUF KARTOFFEL-SPARGEL-GRÖSTEL — *98*

GEBRATENER HAVELZANDER MIT BEELITZER STANGENSPARGEL UND SCHWENKKARTOFFELN — *133*

GEBRATENER SCHARMÜTZELSEE-ZANDER AUF SPITZKOHL MIT TOMATENSTREIFEN UND BÄRLAUCH-KARTOFFEL-PÜREE — *97*

GEBRATENES ZIPPELSFÖRDER KRÄUTERSAIBLINGSFILET IN EINER EI-SENF-HÜLLE AN SPITZKOHLGEMÜSE MIT PETERSILIENKARTOFFELN — *48*

H

HAUSGEBEIZTER LACHS IM CRÊPE MIT KRÄUTERSCHMAND UND FORELLENKAVIAR — *137*

HIRSCHSTEAK AN PETERSILIENWURZELPÜREE MIT CHILIAPRIKOSEN UND BALSAMICOSAUCE — *96*

K

KALBSSTEAK UNTER DER ESTRAGONKRUSTE MIT SPARGEL IM SCHINKENMANTEL, KARTOFFEL-BÄRLAUCH-PÜREE UND SAUCE CHORON — *134*

KOTELETT VOM HAVELLÄNDER APFELSCHWEIN MIT NIERCHEN VOM LINUMER WIESENKALB — *50*

L

LAVENDEL-SCHMORBRATEN, GEPLATZTE KIRSCHTOMATEN, POLENTATALER — *47*

Gebratener Glubigsee-Hecht auf Kartoffel-Spargel-Gröstel

REZEPTVERZEICHNIS

LÖWENZAHNBLÜTENMOUSSE MIT LIMETTEN, ERDBEEREN UND HONIGMELONE *132*

M

MÄRKISCHER RÄUCHERAAL *51*

P

PRIGNITZER HECHTKLÖSSCHEN MIT KRÄUTERSAUCE UND SALZKARTOFFELN *132*

R

REHRÜCKEN MIT HEIDELBEERSAUCE, SPARGEL UND GRIESSKNÖDEL *135*

REINHARD HABO'S SCHERMÜTZEL-HECHT MIT SCHMORGURKEN UND KLEINEN PETERSILIENKARTOFFELN *51*

RINDERSÜLZE MIT BRATKARTOFFELN UND REMOULADENSAUCE *49*

RINDFLEISCH À LA BRAISE *65*

ROSA GEBRATENES LAMMKARREE MIT BUNTE-BOHNEN-RAGOUT UND ZIEGENKÄSEPOLENTA *138*

RUMPSTEAK MIT KRÄUTERBUTTER AUF PFANNENGEMÜSE AN KLEINEN GEBACKENEN KARTOFFELN *47*

S

SCHORFHEIDER REHRÜCKEN MIT KRÄUTER-SENF-KRUSTE, JUNGEM SOMMERGEMÜSE UND ROSMARINKARTOFFELN *50*

SCHUKU-CRUSHED *98*

SEETEUFEL GEBRATEN, APFEL-CURRY-SCHAUM, JUNGEM LAUCH UND APFELSENF *97*

T

TÊTE À TÊTE VON HIRSCH UND SCAMPI MIT MEDITERRANEM KARTOFFEL–SCHMORGURKENGEMÜSE *100*

U

UCKERMÄRKISCHER FISCHTELLER *46*

V

VORSPEISENTELLER FÜR ZWEI *64*

W

WHISKYTORTE *100*

WILDKRÄUTERSALAT MIT LAMMKARREE UND WALDBEERENVINAIGRETTE *136*

WILDSCHWEINBRATEN AUF WALDBEERENJUS, DAZU BOHNENBUKETTE UND HAUSGEMACHTE SEMMELKNÖDEL *49*

Z

ZANDERFILET MIT THYMIAN, LINSENGEMÜSE MIT GARTENKRÄUTERN UND GNOCCHI *46*

Perle in Brandenbrugs Norden: Schloss Rheinsberg

Dorfidylle im Spreewald (o.); Schön von Fontane gerühmt: der Stechlinsee (r.)

Besondere Adressen für Sie entdeckt

Hamburg und das Alte Land
200 Seiten, Hardcover
978-3-86528-512-6

Leipzig und Umgebung
152 Seiten, Hardcover
978-3-86528-522-5

München – Stadt und Land
224 Seiten, Hardcover
978-3-86528-498-3

Südtirol – Alto Adige
464 Seiten, Hardcover, dt. / ital.
978-3-86528-506-5

Berlin und Umgebung
184 Seiten, Hardcover
978-3-86528-477-8

Dresden und Umgebung
144 Seiten, Hardcover
978-3-86528-508-9

Regensburg und Landshut
192 Seiten, Hardcover
978-3-86528-518-8

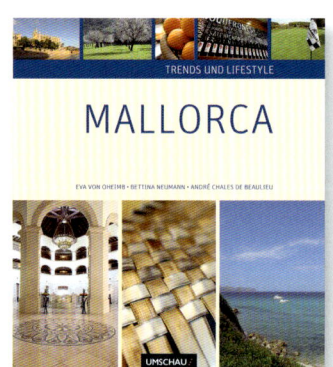

Mallorca
248 Seiten, Hardcover
978-3-86528-524-9

Berlin
168 Seiten, Hardcover
978-3-86528-440-2

Köln und Umgebung
144 Seiten, Hardcover
978-3-86528-486-0

Vom Schwarzwald bis zum Neckar
128 Seiten, Hardcover
978-3-86528-519-5

Wien
160 Seiten, Hardcover
978-3-86528-468-6

Weitere Empfehlungen für Sie

bau.stil.
Christian Bau
288 Seiten, Hardcover mit Schutzumschlag
978-3-86528-739-7

Es lebe die Klassik
Jörg Müller
204 Seiten, Hardcover mit Schutzumschlag
978-3-86528-742-7

Basilkata
Rose Marie Donhauser / Pino Bianco
208 Seiten, Hardcover mit Schutzumschlag
978-3-86528-671-0

Wild
Harald Rüssel
208 Seiten, Hardcover
978-3-86528-734-2

Drunter & Drüber
Das Brotback- und Aufstrichbuch
208 Seiten, Hardcover
978-3-86528-746-5

Teatime
Gabriele Gugetzer
144 Seiten, Hardcover
978-3-86528-738-0

Die genussvollen Seiten des Lebens

Für weitere Informationen über unsere
Reihen wenden Sie sich direkt an den Verlag

Neuer Umschau Buchverlag
Moltkestraße 14
D-67433 Neustadt / Weinstraße

Telefon + 49 (0) 63 21 / 8 77-852
Fax   + 49 (0) 63 21 / 8 77-866
E-Mail   info@umschau-buchverlag.de

Besuchen Sie uns auch im Internet:
www.umschau-buchverlag.de

IMPRESSUM

© 2012 NEUER UMSCHAU BUCHVERLAG GMBH
Neustadt an der Weinstraße

Alle Rechte der Verbreitung in deutscher Sprache, auch durch Film, Funk, Fernsehen, fotomechanische Wiedergabe, Tonträger jeder Art, auszugsweisen Nachdruck oder Einspeicherung und Rückgewinnung in Datenverarbeitungsanlagen aller Art, sind vorbehalten.

RECHERCHE
Andree Metzler, Berlin

TEXTE
Andree Metzler, Berlin
www.andreemetzler.de

FOTOS
Andreas Tauber, Berlin
www.andreastauber.de

LEKTORAT/PRODUKTION
Andreas Rommelspacher, Hamburg
www.redaktionsbuero-rommelspacher.de

GESTALTUNG
Anja Winteroll, Hamburg
www.anjawinteroll.de

REPRODUKTION
Blaschke Vision, Peter Blaschke, Freigericht

KARTE
Thorsten Trantow, Kenzingen
www.trantow-atelier.de

DRUCK UND VERARBEITUNG
NINO Druck GmbH, Neustadt an der Weinstraße
www.ninodruck.de

Printed in Germany
ISBN: 978-3-86528-534-8
Die Ratschläge und Empfehlungen in diesem Buch wurden von den Autoren und dem Verlag sorgfältig erwogen und geprüft, dennoch kann eine Garantie nicht übernommen werden. Eine Haftung der Autoren und des Verlags für Personen-, Sach- und Vermögensschäden ist ausgeschlossen.

Wir bedanken uns für die freundlicherweise zur Verfügung gestellten Bilder bei:
Restaurant Am alten Rhin (S.32), Klosterschänke Chorin (S.37), A-Rosa (S.82-83), Köchevereinigung „Brandenburg unter Dampf" (S.66 – 71)
Bilder S. 10, S.15, S.16, S.52, S.153 m. frdl. Gen. Stiftung Preußische Schlösser und Gärten Berlin-Brandenburg/Andreas Tauber

Besuchen Sie uns im Internet:
www.umschau-buchverlag.de